생생! 톡톡!
쉬운
중국어
표현 50

실 생 활 에 서 · 자 주 · 쓰 는 · 구 어 체 · 표 현

생생! 톡톡!

쉬운 중국어 표현 50

저자 | **김병진**

생생! 톡톡! 쉬운 중국어 표현 50

초판 인쇄 2014년 10월 25일
초판 발행 2014년 11월 05일

저자 김병진
발행인 이진곤
발행처 씨앤톡
        출판등록 제 313-2003-00192호(2003년 5월 22일)
        주소 서울특별시 서대문구 연희로 5길 82 2층
        전화 02-338-0092
        팩스 02-338-0097
        홈페이지 www.seentalk.co.kr
        E-mail seentalk@naver.com

ISBN 978-89-6098-214-7 (13720)

혼자 중국어를 공부하다 보면 '이 말은 중국어로 뭐라고 할까?'라는 질문에 많이 부딪히게 됩니다. 이럴 때 대부분은 어떻게 할까요? 네! 사전을 봅니다. 하지만 사전을 찾으면 한 의미에도 참 다양한 말들이 주르륵 나오지요. 도대체 이 단어를 쓰는게 좋을까, 저 단어를 쓰는게 좋을까 고민하다 맨 위에 있는 표현 하나를 찍어서 용기있게 중국인에게 한마디 던져보지만 우리에게 돌아오는 말은 바로 이 한마디!

什么? 是什么意思? 뭐라고? 무슨 뜻이야?

〈생생! 톡톡! 쉬운 중국어 표현 50〉은 중국어 학습자들의 이러한 궁금증을 해소시켜드리기 위해서 쓰여졌습니다. 즉, 우리가 궁금해하고 말하고 싶어하는 다양한 표현들을 중국인들은 실제로 어떻게 말하는지, 그리고 그 표현들을 이용해서 그들은 어떻게 대화를 주고받는지에 관해 이 책은 중점적으로 다루고 있습니다.

이 책을 통해 많은 중국어 학습자분들이 이러한 다양한 중국어표현들과 회화패턴을 열심히 학습하셔서 앞으로 하시고 싶은 많은 이야기들을 자유롭고 당당하게 중국어로 말하실 수 있기를 간절히 바랍니다.

이 책의 출판을 흔쾌히 허락하고 정성을 다해 주신 도서출판 씨앤톡의 이진곤 대표님과 임직원께 감사의 인사를 전합니다. 또한 바쁜 와중에서도 이 책을 검토해준 소중한 친구 마란 선생님께도 특별한 감사의 마음을 전합니다. 그 동안 항상 응원과 지원을 아끼지 않은 가족과 친구들, 건강 관리와 컨디션 관리를 중점적으로 도와주신 백매니저님, 출간되자마자 서점으로 달려가겠다고 약속한 저의 소중한 학생분들, 그리고 앞으로 이 책을 보실 많은 중국어 학습자분들과 모두 함께 이 책 출간의 기쁨을 나누고 싶습니다. 무엇보다 사막에 강을 내시며 항상 저의 모든 길을 사랑으로 이끌어주시는 하나님께 이 모든 영광을 돌립니다.

2014. 가을 저자 김병진 씀

생생! 톡톡! 쉬운 중국어 표현 50

이 책은 이렇게 구성되었답니다!

★ 카일의 친절한 설명

> **카일의 친절한 설명**
>
> 撑 chēng은 '어느 공간에 무엇을 채워넣다'라는 의미가 있어요. 그래서 撑死了 chēng sǐ le라고 하면 '(배에) 너무 채워넣어서 죽겠다!' 즉, '배불러 죽겠다!'라는 의미가 됩니다. 그러면 동사 뒤에 死了 sǐ le가 붙는 다른 표현들을 살펴볼까요?
>
> 饿 + 死了 è sǐ le   배고파 죽겠어
> 累 + 死了 lèi sǐ le   힘들어 죽겠어
> 困 + 死了 kùn sǐ le   졸려 죽겠어

각 강에서 배우는 핵심표현에 대한 상세한 설명을 보실 수 있어요! 단순한 의미뿐 아니라 이 표현이 어떻게 구성되었고 왜 이런 의미를 가지는지에 대해서까지 다방면적으로 이해할 수 있답니다.

★ 중국어 대화문

> **중국어 대화문**
>
> Ⓐ 多吃一点儿，你一整天都没有吃东西。
> Duō chī yìdiǎnr, nǐ yìzhěngtiān dōu méiyǒu chī dōngxi.
>
> Ⓑ 撑死了！我已经吃了很多了。
> Chēng sǐ le! Wǒ yǐjīng chī le hěnduō le.
>
> Ⓐ 那我们打包吧。
> Nà wǒmen dǎbāo ba.

각 강의 핵심표현이 포함된 짤막한 대화문을 통해 즐겁게 회화연습을 할 수 있습니다. 이 대화문은 실제적으로 중국인의 대화습관에 맞게 만들어졌기 때문에 실제 회화상황에서 바로바로 활용이 가능하지요.

★ 단어 및 표현

> **단어 및 표현**
>
> • 多吃一点儿 duō chī yìdiǎnr 조금 더 먹어
> • 一整天 yìzhěngtiān 하루 종일
> • 都 dōu 모두
> • 没有 méiyǒu ~않다(과거의 동작을 부정)
> • 吃东西 chī dōngxi 음식을 먹다
> • 撑死了 chēng sǐ le 배불러 죽겠어
> • 已经 yǐjīng 이미 他已经来了。 걔는 이미 왔어.
> • 那 nà 그러면
> • 打包 dǎbāo 남은 음식을 포장해서 가져가다

대화문에 나온 거의 대부분의 단어들에 대한 상세한 설명을 보실 수 있어요. 꼭 새로운 단어뿐 아니라 지난 강에 나온 단어들일지라도 모두 수록해 놓았기 때문에 모르는 단어 없이 훨씬 쉽게 대화문을 이해할 수 있답니다.

★ 중국어로 말해보세요 도전~!

> **중국어로 말해보세요! 도전~!**
>
> A 좀 더 먹어. 너 하루 종일 아무것도 안 먹었잖아.
>
> B 배불러 죽겠어. 이미 많이 먹었어.
>
> A 그럼 우리 포장해서 가져가자.

방금 공부한 대화 내용을 스스로 쉽게 복습하실 수 있는 파트랍니다. 한국어만 보고 중국어로 크게 말해보시는 습관을 들이면 회화 실력뿐 아니라 자신감도 업! 업!

★ 카일의 친절한 Tip

> **카일의 친절한 Tip!**
>
> 중국에서는 음식을 다 먹고 남은 음식을 포장해가는 습관이 있어요. 이것을 打包 dǎbāo(먹고 남은 음식을 포장해가다)라고 한답니다. 한번 크게 함께 말해볼까요?
>
> 服务员！打包！ 웨이터! 포장해주세요!
> Fúwùyuán! Dǎbāo!
>
> 배불러 죽겠어 11

대화문에서 나온 중국어 문법이나, 표현등에서 학습자분들이 궁금증을 가지실 수도 있는 부분을 카일이 센스있게 보충 설명을 해놓은 파트예요.

이 책의 특징은 무엇일까요?

획일화 No!

이 책은 획일화된 전형적인 회화책이 아니라 철저하게 중국인의 회화체와 어투에 근거한 진정한 회화책이랍니다. 중국인들이 실제 대화에서 자주 쓰는 표현들을 실제 중국인들이 쓰는 대화에 근거해서 학습하실 수 있어요.

눈이 즐겁습니다

저자가 직접 그린 50여장의 중국풍의 일러스트들과 직접 찍은 중국 사진들을 보면서 눈이 즐겁게 중국어를 학습하실 수 있어요. 즐겁게 그림을 보시면서 공부하시다보면 공부의 효율도 확! 오르시는 것을 느끼실거예요.

모두가 볼 수 있어요

이 책에는 초급부터 고급학습자들까지 한국 학습자들이면 누구나 궁금해하지만 다른 책에서는 공부할 수 없는 톡톡 튀는 중국어표현들과 대화문을 만나실 수 있어요. 그래서 초급부터 고급학습자들까지 모두 즐겁고 유익하게 보실 수 있답니다.

부담 없습니다

하루에 한 강씩 학습과 복습까지 한번에 끝낼 수 있도록 부담없는 양으로 설계되었어요. 출퇴근시간에도 쉽게 떠먹을 수 있도록 양을 줄이면서도 중국인이 자주 쓰는 꼭 필요한 핵심 회화 표현들만을 엄선해서 담았답니다.

친절합니다

혼자 공부하시는 분들도 쉽게 이해하실 수 있어요. 학습자분들이 궁금해하실만한 표현이나 단어들에 대해서는 타의추종을 불허하는 카일쌤의 상세한 설명이 기다리고 있답니다. 그래서 이 책을 통해서는 기초 학습자분들도 부담없이 혼자 공부하실 수 있어요.

이 책을 쉽게 공부하는 방법

★ 카일의 친절한 설명을 보면서 그 강의 핵심 표현을 확실히 이해합니다.

★ 중국어 대화문의 녹음을 먼저 두 번 듣습니다.

★ 단어 및 표현과 대화문을 번갈아보면서 본문의 내용과 단어의 용법을 이해합니다.

★ 중국어 대화문의 녹음을 다시 들으면서 크게 따라합니다.

★ 중국어로 말해보세요 도전~! 파트로 넘어가 한글을 보시면서 중국어로 크게 말해봅니다.

★ 카일의 친절한 Tip을 부담없이 보시면서 즐겁게 한 강의 학습을 마무리합니다.

생생! 톡톡! 쉬운 중국어 표현 50

목 차

싱싱! 톡톡! 쉬운 중국어 표현 50

목 차

10

day 1

배불러 죽겠어!

撑死了!
Chēng sǐ le!

 카일의 친절한 설명

撑 chēng은 '어느 공간에 무엇을 채워넣다'라는 의미가 있어요. 그래서 **撑死了** chēng sǐ le!라고 하면 '(배에) 너무 채워넣어서 죽겠다!' 즉, '배불러 죽겠다!'라는 의미가 된답니다. 그러면 동사 뒤에 **死了** sǐ le가 붙는 다른 표현들을 살펴볼까요?

饿 + 死了 è sǐ le	배고파 죽겠어!
累 + 死了 lèi sǐ le	힘들어 죽겠어!
困 + 死了 kùn sǐ le	졸려 죽겠어!

 중국어 대화문

▶한글해석은 156쪽 참고하세요.

Ⓐ 多吃一点儿，你一整天都没有吃东西。
　　Duō chī yìdiǎnr,　　nǐ yìzhěngtiān dōu méiyǒu chī dōngxi.

Ⓑ 撑死了! 我已经吃了很多了。
　　Chēng sǐ le!　 Wǒ yǐjing chī le hěnduō le.

Ⓐ 那我们打包吧。
　　Nà wǒmen dǎbāo ba.

단어 및 표현

★ 多吃一点儿。 duō chī yìdiǎnr. 조금 더 먹어.
★ 一整天 yìzhěngtiān 하루 종일
★ 都 dōu 모두
★ 没有 méiyǒu ~않다(과거의 동작을 부정)
★ 吃东西 chī dōngxi 음식을 먹다
★ 撑死了 chēng sǐ le 배불러 죽겠다
★ 已经 yǐjing 이미 ex 他已经来了。 걔는 이미 왔어.
★ 那 nà 그러면
★ 打包 dǎbāo 남은 음식을 포장해서 가져가다
★ 吧 ba ~하자(문장 끝에 붙여서 청유를 나타냄) ex 我们吃饭吧。 우리 밥 먹자.

 중국어로 말해보세요! 도전~!

A 좀 더 먹어! 너 하루 종일 아무것도 안 먹었잖아.

B 배불러 죽겠어! 이미 많이 먹었어.

A 그럼 우리 포장해서 가져가자.

중국에서는 음식을 다 먹고 남은 음식을 포장해가는 습관이 있어요. 이것을 打包 dǎbāo(먹고 남은 음식을 포장해가다)라고 합니다. 한번 크게 함께 말해볼까요?

服务员！打包！ 종업원! 포장해주세요!
Fúwùyuán! Dǎbāo!

day 2

걔 감싸고 돌지마!

别护着她!

Bié hùzhe tā!

 카일의 친절한 설명

别 bié를 동사 앞에 쓰면 '~를 하지 마'라는 금지의 의미를 더할 수 있어요.

> 别走! biézǒu　　가지 마!
> 别来! bié lái　　오지 마!

护 hù는 '보호하다'는 의미를 가지고 있고 着 zhe는 동사의 뒤에 쓰여서 '동작이 지속되는 느낌'을 나타낼 수 있어요. 그래서 护着 hùzhe라고 하면 '보호를 지속하다' 즉, '어떤 사람을 감싸고 돌다' 라는 의미가 된답니다.

 중국어 대화문

▶한글해석은 156쪽 참고하세요.

Ⓐ 我觉得她没有错。
　　Wǒ juéde tā méiyǒu cuò.

Ⓑ **别护着她!**
　　Bié hùzhe tā!

Ⓐ 你先给她打个电话。这都是误会。
　　Nǐ xiān gěi tā dǎ ge diànhuà.　　Zhè dōu shì wùhuì.

단어및표현

★ 觉得 juéde ~라고 생각하다, ~라고 여기다

★ 没有 méiyǒu ~가 없다

★ 错 cuò 잘못 ex 我没有错。 난 잘못이 없어.

★ 别 bié + 동사 = ~하지 마

★ 护着 hùzhe + 사람 = ~를 감싸고 돌다

★ 先 xiān 먼저 ~를 하다

★ 给 gěi + 사람 + 打电话 dǎ diànhuà ~에게 전화를 걸다

★ 误会 wùhuì 오해, 오해하다

   ex 这是误会！ 이건 오해야!   ex 你误会了！ 너 오해했어!

 중국어로 말해보세요! 도전~!

A 난 그녀가 잘못한 것 없는 것 같은데?

B 걔 감싸고 돌지 마!

A 너가 먼저 그녀한테 전화 걸어 봐. 이건 모두 오해야.

카일의 친절한 tip!

误会 wùhuì는 오해라는 명사도 되고 '~를 오해하다'라는 동사로도 쓰일 수 있어요.

这是 + 误会。 Zhè shì wùhuì. 이건 오해야. (명사로 쓰일 때)

我 误会 了 + 你。 Wǒ wùhuì le nǐ. 나는 너를 오해했어. (동사로 쓰일 때)

day 3

나 밤샜어.

我通宵没睡。

Wǒ tōngxiāo méishuì.

 카일의 친절한 설명

通宵 tōngxiāo는 '온 밤', '밤 내내'를 말한답니다. 通 tōng은 '통하다', 宵 xiāo는 '밤'을 의미하거든요.

睡 shuì는 '잠을 자다'라는 의미의 동사예요. 그래서 没睡 méishuì라고 하면 과거의 부정형이 되어서 '잠을 안 잤다'가 되지요. 그래서 오늘의 표현을 다시 보면!

我 + 通宵 + 没睡。 나 밤 내내 안 잤어 ⋯ 나 밤샜어.
Wǒ tōngxiāo méishuì.

 중국어 대화문

▶한글해석은 156쪽 참고하세요.

Ⓐ 你的脸色怎么这么不好?
Nǐ de liǎnsè zěnme zhème bùhǎo?

Ⓑ 我通宵没睡。 昨晚我看了三部电影。
Wǒ tōngxiāo méishuì. Zuówǎn wǒ kàn le sānbù diànyǐng.

Ⓐ 你真厉害!
Nǐ zhēn lìhai!

단어및표현

* 脸色 liǎnsè 안색
* 通宵 tōngxiāo 온 밤, 밤 내내
* 昨晚 zuówǎn 어젯밤(= 昨天晚上의 줄임말)
* 部 bù 편(영화를 세는 양사)
* 你真厉害! Nǐ zhēn lìhai! 너 정말 대단하다!
* 怎么这么 zěnme zhème + 형용사 = 왜 이렇게~ 해?

  ex 她怎么这么漂亮? 쟤는 왜 이렇게 예뻐?

* 不好 bùhǎo 안 좋다
* 睡 shuì 자다
* 看 kàn 보다
* 电影 diànyǐng 영화

 중국어로 말해보세요! 도전~!

A 너 안색이 왜 이렇게 안 좋아?

B 나 밤샜어. 어젯밤에 영화 세 편 봤거든.

A 너 참 대단하다!

중국어로도 '너 참 대단하다!' 라는 의미의 여러 표현들이 있답니다. 구어에서 많이 쓰는 아래
세 표현들을 알아두시면 유용하실거예요!

你 真 厉害 !　　너 참 대단하다!
Nǐ zhēn lìhai!

你 真 棒 !　　　너 참 대단하다!
Nǐ zhēn bàng!

你 真 了不起 !　너 참 대단하다!
Nǐ zhēn liǎobuqǐ!

day 4

너 속았에!

你被骗了！

Nǐ bèi piàn le!

 카일의 친절한 설명

骗 piàn은 '속이다'라는 의미의 동사예요. 뒤에 목적어가 와서 '누구 누구를 속이다'
라는 의미가 되지요.

> 他 **骗了** 我。 개가 나 속였어.
> Tā piàn le wǒ.

被 bèi는 '~를 당하다'라는 의미의 피동문을 만들 때 쓴답니다. '주어 + 被 + 동사'
이렇게 쓰시면 '주어가 ~를 당하다' 라는 의미가 된답니다.

> 我 **被 骗了**。 난 속았어. (난 속임을 당했어.)
> Wǒ bèi piàn le.

 중국어 대화문

▶한글해석은 156쪽 참고하세요.

Ⓐ 我买了这个手提包。
Wǒ mǎi le zhè ge shǒutíbāo.

Ⓑ 哇塞！ 这个多少钱？
Wāsài! Zhège duōshaoqián?

Ⓐ 我只花了一千块。
Wǒ zhǐ huā le yìqiān kuài.

Ⓑ 你被骗了！
Nǐ bèi piàn le!

단어 및 표현

* 买 mǎi 사다
* 这个 zhège 이, 이것
  > ex 我喜欢这个东西。 난 이 물건이 좋아. > ex 我喜欢这个。 난 이게 좋아.
* 手提包 shǒutíbāo 핸드백
* 多少钱? duōshaoqián? 얼마예요?
* 花 huā (시간, 돈 등을) 쓰다
* 块 kuài 위안(중국의 화폐단위)

* 哇塞! wāsài 와! (놀랄 때 내는 감탄사)
* 只 zhǐ 단지
* 一千 yìqiān 천(=1000)
* 你被骗了! Nǐ bèi piàn le! 너 속았어!

중국어로 말해보세요! 도전~!

A   나 핸드백 새로 샀다!

B   우와! 이거 얼마야?

A   1000위안 밖에 안 줬어.

B   너 속았어!

花 huā는 명사로는 '꽃'이지만 동사로는 '돈이나 시간을 쓰다'라는 의미랍니다.

我 花了 很多钱。   나는 돈을 많이 썼어.
Wǒ huā le hěn duō qián.

我 花了 很长时间。   나는 많은 시간을 썼어.
Wǒ huā le hěn cháng shíjiān.

day 5

너 그 말 취소해!

你必须收回这句话!

Nǐ bìxū shōuhuí zhèjùhuà!

 카일의 친절한 설명

必须 bìxū는 동사 앞에 쓰여서 '~을 꼭 해야 한다'는 의미를 가진답니다. 그래서 '명령'의 느낌이 나기도 해요.

你 **必须** 努力学习！ 너 꼭 열심히 공부해야 해!
Nǐ bìxū nǔlì xuéxí!

收回 shōuhuí는 기본적으로 '어떤 것을 거두어들이다'라는 의미를 가지고 있어요. 그래서 '했던 말을 취소하다'라는 의미로도 쓸 수 있답니다.

我 **收回** + 这句话。 나 이말 취소할께.
Wǒ shōuhuí zhèjùhuà.

 중국어 대화문

▶한글해석은 156쪽 참고하세요.

Ⓐ 小李，你是不是在跟小张谈恋爱?
Xiǎolǐ, nǐ shìbushì zài gēn xiǎozhāng tán liàn'ài?

Ⓑ 你必须收回这句话!
Nǐ bìxū shōuhuí zhè jù huà!

Ⓐ 我收回......你干嘛这么严肃?
Wǒ shōuhuí...... Nǐ gànmá zhème yánsù?

단어 및 표현

* 是不是 shìbushì ~이야, 아니야?
* 收回 shōuhuí (말, 의견 등을) 취소하다
* 这句话 zhèjùhuà 이 말
* 这么 zhème 이렇게
* 在 zài + 동사 = ~를 하고 있다(진행)

  ex 我在学习。나는 공부하고 있어.   ex 我在工作。나는 일하고 있어.
* 跟 gēn ~ 谈恋爱 tán liàn'ài = ~와 사귀다, 연애하다

* 必须 bìxū + 동사 = 반드시 ~해야 해
* 句 jù 마디 (말을 세는 양사)
* 干嘛 gànmá 왜, 어째서
* 严肃 yánsù 진지하다, 엄숙하다

 중국어로 말해보세요! 도전~!

A 샤오리. 너 샤오장하고 사귀고 있는거 아니야?

B 너 그 말 취소해!

A 취소할께...... 왜 그렇게 진지해?

'너 왜 그렇게 ~해?'라고 물으실 때는 你干嘛这么~ ? nǐ gànmá zhème 라고 하시면 된답니다.

你干嘛这么 + 兴奋? 너 왜 이렇게 흥분해?
　　　　　　 xīngfèn

你干嘛这么 + 冷淡? 너 왜 이렇게 냉담해?
　　　　　　 lěngdàn

그림을 보면서 복습해볼까요?

배불러 죽겠어!

撑死了!
Chēng sǐ le!

걔 감싸고 돌지마!

别护着她!
Bié hùzhe tā!

나 밤샜어.

我通宵没睡。
Wǒ tōngxiāo méishuì.

너 속았어!

你被骗了!

你被骗了!
Nǐ bèi piàn le!

收回这句话!

哼!

너 그 말 취소해!

你必须收回
这句话!
Nǐ bìxū shōuhuí zhèjùhuà!

day 6

난 네가 자랑스러워!

我为你骄傲！

Wǒ wèi nǐ jiāo'ào!

 카일의 친절한 설명

骄傲 jiāo'ào는 '주어가 어떤 사람이나 사물을 자랑스러워하다'라는 의미를 가져요. 중요한 것은 이 동사를 쓸 때 목적어 앞에 为 wèi를 꼭 쓰셔야 한다는 점이예요.

A(주어) + 为 + B(자랑스러운 대상) + 骄傲 jiāo'ào
= A가 B를 자랑스럽게 생각하다

我 + 为 + 你 + **骄傲**。　　나는 네가 자랑스러워.
我 + 为 + 我的学生 + **骄傲**。　　나는 나의 학생이 자랑스러워.
她 + 为 + 她的女儿 + **骄傲**。　　그녀는 그녀의 딸을 자랑스러워 해.

 중국어 대화문

▶한글해석은 156쪽 참고하세요.

Ⓐ 爸，我有一句话想跟你说。
　Bà,　wǒ yǒu yíjùhuà xiǎng gēn nǐ shuō.

Ⓑ 宝贝儿，你想说什么？
　Bǎobèir,　nǐ xiǎng shuō shénme?

Ⓐ 我为你骄傲！
　Wǒ wèi nǐ jiāo'ào!

단어 및 표현

- ★ 爸 bà 아빠 (爸爸 bàba의 줄임말)
- ★ 有 yǒu 있다
- ★ 一句话 yíjùhuà 말 한 마디 (句는 말을 세는 양사)
- ★ 想 xiǎng + 동사 = ~하고 싶다
- ★ 跟 gēn ~에게, ~와
- ★ 说 shuō 말하다
- ★ 宝贝儿 bǎobèir 귀염둥이, 공주님, 달링
- ★ 什么 shénme 무엇
- ★ 주어 + 为 wèi + 사람/사물 + 骄傲 jiāo'ào = ~를 자랑스러워하다

 중국어로 말해보세요! 도전~!

A 아빠! 나 아빠한테 하고 싶은 말 한마디 있어요.

B 우리 공주님. 무슨 말이 하고 싶은데요?

A 난 아빠가 자랑스러워요!

宝贝儿 bǎobèir 는 부모가 아이를 부를 때 혹은 연인끼리 쓸 수 있는 애칭이예요. 宝贝 bǎobèi 는 직역하면 '보배', '보물'이란 뜻으로 아주 소중한 것을 의미한답니다. 애칭으로 부를 때는 주로 儿을 더해서 宝贝儿 bǎobèir라고 부르지요.

day 7

엄마한테 말대꾸하지 마!

不要跟妈妈顶嘴!

Búyào gēn māma dǐngzuǐ!

 카일의 친절한 설명

不要 búyào는 동사 앞에 쓰여서 '~를 하지 마라'라는 의미를 나타낸답니다.

顶嘴 dǐngzuǐ는 '말대꾸하다' 라는 의미예요. 顶 dǐng은 '머리로 무엇을 들이받다' 라는 의미가 있고 嘴 zuǐ는 입을 말해요. 이 '말대꾸하다'라는 표현은 '跟 + 사람 + 顶嘴'의 형태로 써야한다는 점 꼭 기억해주세요!

> 不要 跟 老师 顶嘴。　　선생님께 말대꾸하지 마.
> Búyào gēn lǎoshī dǐngzuǐ.
>
> 不要 跟 老板 顶嘴。　　사장님에게 말대꾸하지 마.
> Búyào gēn lǎobǎn dǐngzuǐ.

 중국어 대화문

▶한글해석은 156쪽 참고하세요.

Ⓐ 你又睡懒觉了。 今天你打扫卫生间!
　 Nǐ yòu shuìlǎnjiào le.　　Jīntiān nǐ dǎsǎo wèishēngjiān!

Ⓑ 妈, 不行! 我有很多作业。
　 Mā, bùxíng!　　Wǒ yǒu hěnduō zuòyè.

Ⓐ 不要跟妈妈顶嘴!
　 Búyào gēn māma dǐngzuǐ!

단어및 표현

* 又 yòu 또
* 今天 jīntiān 오늘
* 卫生间 wèishēngjiān 화장실
* 不行! bùxíng 안돼!
* 很多 hěnduō 많은
* 不要 búyào + 동사 = ~하지마! (금지의 의미)
* 跟 gēn ~ 顶嘴 dǐngzuǐ = ~에게 말대꾸하다

* 睡懒觉 shuìlǎnjiào 늦잠자다
* 打扫 dǎsǎo 청소하다
* 妈 mā 엄마 (妈妈 māma의 줄임말)
* 有 yǒu 있다
* 作业 zuòyè 숙제

중국어로 말해보세요! 도전~!

A 너 또 늦잠 잤네! 너가 오늘 화장실 청소해!

B 엄마 안돼! 나 숙제가 많단 말이야.

A 엄마한테 말대꾸하지 마렴!

打扫 dǎsǎo는 쓸고 닦는 것을 포함하는 총체적인 '청소하다'의 의미예요. '打扫 dǎsǎo + 청소할 장소' 이렇게 쓰시면 된답니다.

打扫 + 卫生间 wèishēngjiān 화장실을 청소하다
打扫 + 房间 fángjiān 방을 청소하다
打扫 + 厨房 chúfáng 주방을 청소하다
打扫 + 教室 jiàoshì 교실을 청소하다

day 8

나 오늘 월급탔다!

我今天发工资了！

Wǒ jīntiān fā gōngzī le!

카일의 친절한 설명

工资 gōngzī는 일한 대가로 받는 총괄적인 임금을 말해요. 그런데 대부분 임금이 월별로 나오다보니 工资 gōngzī라고 하면 월급이라는 인식이 생겼답니다. 그러면 임금을 조금 더 구체적으로 분류해볼까요?

> 工资 gōngzī 임금
> 月薪 yuèxīn 월급
> 年薪 niánxīn 연봉

发工资 fā gōngzī는 '임금(월급)이 나오다' 라는 표현이에요. 工资 gōngzī 앞에 '발급하다'라는 의미의 동사 发 fā가 와서 '임금(월급)이 나오다'라는 의미가 되었답니다.

중국어 대화문

▶한글해석은 156쪽 참고하세요.

Ⓐ 我今天请客！
　 Wǒ jīntiān qǐngkè!

Ⓑ 什么？ 是不是我听错了？
　 Shénme?　Shì bu shì wǒ tīng cuò le?

Ⓐ 我今天发工资了！
　 Wǒ jīntiān fā gōngzī le!

단어 및 표현

- ★ **今天** jīntiān 오늘
- ★ **请客** qǐngkè 한턱 쏘다, 밥을 사다
- ★ **什么**? shénme 뭐라고?
- ★ **是不是**? shì bu shì ~이야, 아니야?
  - ex 他是不是小王? 쟤 샤오왕이야, 아니야?
- ★ **听错** tīngcuò 잘 못 듣다
- ★ **发** fā 발급하다
- ★ **工资** gōngzī 임금, 월급
- ★ **发工资** fā gōngzī 임금(월급)이 나오다

 중국어로 말해보세요! 도전~!

A 내가 오늘 한 턱 쏠께!

B 뭐라고? 내가 잘 못 들은 거 아니야?

A 나 오늘 월급 받았어!

'월급을 타다'를 아셨으니 '보너스를 타다'도 알면 좋겠죠? 보너스는 중국어로 奖金 jiǎngjīn 이라고 해요. 그래서 '나 보너스 탔어!'는 我发奖金了! Wǒ fā jiǎngjīn le! 라고 하시면 된답니다.

지루해 죽겠어!

无聊死了！
Wúliáo sǐ le!

day 9

 카일의 친절한 설명

死了 sǐ le는 형용사 뒤에 쓰여서 '너무 ~해서 죽겠다' 라는 뜻을 나타낸답니다. 그럼 死了 sǐ le가 뒤에 붙는 다양한 표현들을 함께 살펴볼까요?

지루해 죽겠다	无聊 死了 wúliáo sǐ le
추워 죽겠다	冷 死了 lěng sǐ le
더워 죽겠다	热 死了 rè sǐ le
힘들어 죽겠다	累 死了 lèi sǐ le
졸려 죽겠다	困 死了 kùn sǐ le
슬퍼 죽겠다	伤心 死了 shāngxīn sǐ le

 중국어 대화문

▶한글해석은 156쪽 참고하세요.

Ⓐ 小李，你现在有时间吗？
　　Xiǎolǐ, nǐ xiànzài yǒu shíjiān ma?

Ⓑ 有什么事儿？
　　Yǒu shénme shìr?

Ⓐ **无聊死了**，我们一起去逛街吧。
　　Wúliáo sǐ le, wǒmen yìqǐ qù guàngjiē ba.

단어및표현

* 现在 xiànzài 현재, 지금
* 时间 shíjiān 시간
* 事儿 shìr 일
* ~死了 sǐ le = ~해서 죽겠다
* 去 qù + 동사 = ~하러 가다
* 동사 + 吧 ba = ~하자(청유) ex 我们走吧。우리 가자.

* 有 yǒu 있다
* 什么 shénme 무슨
* 无聊 wúliáo 지루하다, 무료하다
* 一起 yìqǐ 함께
* 逛街 guàngjiē 쇼핑하다

 중국어로 말해보세요! 도전~!

A 샤오리! 너 지금 시간있어?

B 무슨 일이야?

A 지루해 죽겠어. 우리 같이 쇼핑하러 가자.

'쇼핑하다'는 중국어로 逛街 guàngjiē라고 해요. 여기서 逛 guàng은 '거닐다', '돌아다니다'
의 의미랍니다. 그래서 逛 guàng 뒤에 다른 장소들도 쓸 수 있지요.

逛 商店 guàng shāngdiàn 상점을 돌아다니며 쇼핑하다.
逛 超市 guàng chāoshì 슈퍼마켓을 돌아다니며 쇼핑하다.
逛 公园 guàng gōngyuán 공원을 거닐다.

지루해 죽겠어! **31**

day 10

나 이거에 빠졌어!

我迷上了这个。

Wǒ míshàng le zhège.

 카일의 친절한 설명

迷上 míshàng은 '~에 완전히 빠져버리다', '~에 꽂히다' 라는 의미예요. 迷 mí 는 '~에 빠지다'는 의미이고 上 shàng은 결과보어로 어떤 것에 달라붙는 '접착'의 느 낌을 가진답니다. 迷上 míshàng 뒤에는 사람, 사물, 그리고 어떠한 동작까지 모두 쓸 수 있어요.

> 我 + 迷上了 + 这个。 (사물) 나는 이거에 빠졌어.
>
> 我 + 迷上了 + 他。 (사람) 나는 그에게 빠졌어.
>
> 我 + 迷上了 + 看 + 武侠小说。 (동작) 나는 무협소설 보는 데에 빠졌어.
>
> * 武侠小说 wǔxiá xiǎoshuō 무협소설

 중국어 대화문

▶ 한글해석은 156쪽 참고하세요.

Ⓐ 小李，你在看什么？
　 Xiǎolǐ,　　nǐ zài kàn shénme?

Ⓑ 我在看韩剧。
　 Wǒ zài kàn hánjù.

Ⓐ 有意思吗？
　 Yǒu yìsi ma?

Ⓑ 我迷上了这个。 你也看看。
　 Wǒ míshàng le zhège.　 Nǐ yě kànkan.

단어 및 표현

* ★ 在 zài + 동사 = ~를 하고 있다(진행)
* ★ 什么 shénme 무엇
* ★ 有意思 yǒu yìsi 재미있다
* ★ 也 yě ~도
* ★ 迷上 míshàng + 사람/사물/동사 = ~에 빠지다

* ★ 看 kàn 보다
* ★ 韩剧 hánjù 한국 드라마
* ★ 看看 kànkan 좀 보다

중국어로 말해보세요! 도전~!

A 샤오리. 너 뭘 보고 있어?

B 나 한국 드라마 보고 있어.

A 재미있니?

B 나 이거에 빠졌어. 너도 좀 봐봐.

중국어에서는 동작이나 행위를 나타내는 동사를 반복하면 '좀 ~ 를 하다' 라는 의미를 나타 낼 수 있답니다!

你 看看! Nǐ kànkan! 너 좀 봐봐.
你 听听! Nǐ tīngting! 너 좀 들어봐.
我们 休息休息。Wǒmen xiūxi xiūxi. 우리 좀 쉬자.   * 休息 xiūxi 쉬다

그림을 보면서
복습해볼까요?

난 네가 자랑스러워!

我为你骄傲！
Wǒ wèi nǐ jiāo'ào!

엄마한테 말대꾸하지 마!

不要跟妈妈
顶嘴！
Búyào gēn māma dǐngzuǐ!

나 오늘 월급탔다!

我今天发工资了！

Wǒ jīntiān fā gōngzī le!

지루해 죽겠어!

无聊死了！

Wúliáo sǐ le!

나 이거에 빠졌어!

我迷上了这个。

Wǒ míshàng le zhège.

생생! 톡톡! 쉬운 중국어 표현 50

day 11

나 요즘 집에만 있어.

最近我很宅。
Zuìjìn wǒ hěn zhái.

 카일의 친절한 설명

宅 zhái는 주택(住宅), 즉 집이란 뜻이예요. 하지만 언젠가부터 중국의 젊은이들이
宅 zhái를 형용사 처럼 써서 '집에만 계속 있고 나가서 사람을 만나거나 하지 않음'이란
뜻으로 사용하기 시작했답니다. 그래서 이것을 이용한 재미있는 단어들도 생겼어요.

집에만 계속 있는 남자 = 宅男 zháinán
집에만 계속 있는 여자 = 宅女 zháinǚ

 중국어 대화문

▶한글해석은 156쪽 참고하세요.

Ⓐ 小倩, 你最近在干什么?
Xiǎoqiàn, nǐ zuìjìn zài gàn shénme?

Ⓑ 最近我很宅。
Zuìjìn wǒ hěn zhái.

Ⓐ 今天跟我一起看电影吧。
Jīntiān gēn wǒ yìqǐ kàn diànyǐng ba.

Ⓑ 好的!
Hǎo de!

단어 및 표현

- ★ 最近 zuìjìn 요즘
- ★ 什么 shénme 무엇
- ★ 今天 jīntiān 오늘
- ★ 看 kàn 보다
- ★ 吧 ba ~하자 (동사 뒤에 붙여서 청유를 나타냄)
- ★ 好的 hǎode 좋아(요청의 수락)
- ★ 在 zài + 동사 = ~을 하고 있다. (在는 진행을 나타냄)

- ★ 干 gàn ~을 하다
- ★ 我很宅。 Wǒ hěn zhái. 나 집에만 있어.
- ★ 跟 gēn ~ 一起 yìqǐ = ~와 함께
- ★ 电影 diànyǐng 영화

중국어로 말해보세요! 도전~!

A 샤오치엔, 너 요즘 뭐해?

B 나 요즘 집에만 있어.

A 오늘 나하고 같이 영화보자.

B 좋아!

最近我很宅! Zuìjìn wǒ hěn zhái를 다른 일반적인 말로 바꾼다면 어떻게 말해야 할까요? '항상 ~를 하다'라는 의미의 经常 jīngcháng과 '머무르다'라는 의미의 呆 dāi를 함께 쓰시면 된답니다.

最近我经常呆在家里。 요즘 난 항상 집에만 있어.
Zuìjìn wǒ jīngcháng dāi zài jiāli.
* 最近 zuìjìn 요즘 * 经常 jīngcháng 항상 * 呆在 dāizài ~에 머무르다

day 12

잔소리 그만해!

别唠叨!

Bié láodao!

 카일의 친절한 설명

唠叨 láodao는 '잔소리하다'는 의미를 가진 동사예요. 唠 láo와 叨 dāo는 개별적으로 는 쓰이지 않고 이렇게 唠叨 láodao 라는 한 단어로 쓰여요. 그런데 잘 보시면 두 글자 모두 입 구자(口)가 붙어있죠? 한자에서 입 구자(口)가 있으면 대부분 '사람의 말'과 연관이 있답니다.

别 bié를 동사 앞에 쓰면 앞 강에서도 보았듯이 '~를 하지 마'라는 금지의 의미가 된 답니다. 그래서 위의 두 단어를 합하면!

別唠叨! Bié láodao! 잔소리 그만해!

 중국어 대화문

▶한글해석은 156쪽 참고하세요.

(샤오리와 샤오장이 함께 등교한다)

Ⓐ 小张，你的包为什么这么脏？
Xiǎozhāng, nǐ de bāo wèishénme zhème zāng?

Ⓑ 我不知道。
Wǒ bùzhīdao.

Ⓐ 还有，你没有做作业吧？
Háiyou,　nǐ méiyǒu zuò zuòyè ba?

Ⓑ 别唠叨！你又不是我妈。
Bié láodao!　Nǐ yòu búshì wǒ mā.

단어 및 표현

* **包 bāo** 가방
* **这么 zhème** 이렇게
* **不知道 bùzhīdao** 모르다
* **没有 méiyǒu** ~않다(과거의 동작 등을 부정)
* **作业 zuòyè** 숙제
* **别唠叨! bié láodao** 잔소리 하지마!
* **又不是 yòu búshì** + 명사 = ~도 아니잖아

  ex 我 又不是 外人。 내가 남도 아니잖아. (外人 wàirén = 남)
* **我妈 wǒ mā** 우리 엄마(我的妈妈의 줄임형)

* **为什么 wèishénme** 왜
* **脏 zāng** 더럽다, 지저분하다
* **还有 háiyou** 그리고(새로운 말을 덧붙여 시작할 때)
* **做 zuò** 하다
* **吧 ba** ~지?(추측의 느낌)

중국어로 말해보세요! 도전~!

A 샤오장! 너 가방이 왜 이렇게 더러워?

B 모르겠는데.

A 그리고 너 숙제 안 했지?

B 잔소리 그만해! 네가 우리 엄마도 아니잖아.

카일의 친절한 tip!

别唠叨! Bié láodao!(잔소리하지 마!)를 강조하기 위해서 뒤에 '알겠어?'란 말을 덧붙이려면 어떻게 해야할까요? '좋아 안 좋아?'라는 의미를 가진 好不好 hǎobuhǎo나 行不行 xíngbuxíng을 뒤에 붙이시면 된답니다.

别唠叨! 好不好? 잔소리 그만해! 알겠어?
别唠叨! 行不行? 잔소리 그만해! 알겠어?

day 13

너한테 할 비밀 이야기 있어.

我有悄悄话跟你说。

Wǒ yǒu qiāoqiāohuà gēn nǐ shuō.

 카일의 친절한 설명

悄悄话 qiāoqiāohuà는 은밀하게 하는 이야기를 말해요. 즉, 비밀이야기를 말한답니다.

悄悄 qiāoqiāo는 '은밀하다'라는 의미예요. 이 단어는 주로 부사형인 悄悄地 qiāoqiāode (은밀하게)의 형태로 쓰인답니다.

> 她 **悄悄地** 走了。 그녀는 몰래(은밀하게) 가버렸어.
> Tā qiāoqiāo de zǒu le.
>
> 他 **悄悄地** 哭了。 그는 몰래(은밀하게) 울었어.
> Tā qiāoqiāode kū le.

 중국어 대화문

▶ 한글해석은 156쪽 참고하세요.

(4교시 수업 끝나고 점심시간에)

Ⓐ 小张，我有悄悄话跟你说。
　　Xiǎozhāng. Wǒ yǒu qiāoqiāohuà gēn nǐ shuō.

Ⓑ 你有什么悄悄话？
　　Nǐ yǒu shénme qiāoqiāohuà?

Ⓐ 我们在外边谈。
　　Wǒmen zài wàibian tán.

Ⓑ 好吧。
　　Hǎo ba.

단어 및 표현

★ 有 yǒu 있다

★ 什么 shénme 무슨

★ 谈 tán 이야기하다

★ 跟 gēn + 사람 + 说 shuō + 내용 = ~에게 ~를 말하다

　ex 你跟他说这个。 너가 걔한테 이걸 말해줘.

★ 外边 wàibian 밖 ex 我们在外边学习！ 우리 밖에서 공부해요!

★ 悄悄话 qiāoqiāohuà 비밀이야기

★ 在 zài ~에서

★ 好吧。 hǎoba. 알았어

중국어로 말해보세요! 도전~!

A 샤오장. 나 너한테 할 비밀 이야기 있어.

B 무슨 비밀 이야기가 있는데?

A 우리 밖에서 이야기하자.

B 알았어.

好的 hǎode와 好吧 hǎoba는 모두 '알았어' 라는 의미를 가지고 있지만 이 두 표현의 어감은 조금 다르답니다. 好的 hǎode는 상대방의 의견에 주체적으로 동의하는 느낌이 강하지만 好吧 hǎoba는 조금 마지못해 대답하는 느낌을 가지고 있어요.

day 14

사진 한 장 찍어주실 수 있나요?

能帮我拍一张照片吗?

Néng bāng wǒ pāi yìzhāng zhàopiàn ma?

 카일의 친절한 설명

拍照片 pāi zhàopiàn은 '사진을 찍다' 라는 의미예요. 拍 pāi는 손바닥 등의 물체로 '착!' 하고 치는 것을 말해요. pāi의 발음이 사진 찍을 때 나는 '찰칵' 소리와 비슷하죠? 여기에 一张 yìzhāng (한 장)을 더하면 '사진 한 장을 찍다(拍一张照片)' 라는 문장이 완성이 되지요.

帮我 bāng wǒ는 '나를 돕다'라는 의미예요. 중국 사람들은 무엇을 부탁할 때 '날 도와서(帮我) ~를 해줄래?' 이런 식으로 말을 하는 습관이 있어요. 그래서 종합하면!

<blockquote>

能 + 帮我 + 拍一张照片 + 吗?
Néng bāng wǒ pāi yìzhāng zhàopiàn ma?
(날 도와서) 사진 한 장 찍어 주실 수 있나요?

</blockquote>

 중국어 대화문

▶한글해석은 156쪽 참고하세요.

(경치가 좋은 곳에서 팅팅이 샤오장에게 말한다)

Ⓐ 要不我们在这儿拍一张照片?
Yàobù wǒmen zài zhèr pāi yìzhāng zhàopiàn?

Ⓑ 好的! 等一会儿。
Hǎode! Děng yíhuìr.

(샤오장이 지나가는 남성에게 다가가 묻는다.)

Ⓑ 先生, 能帮我拍一张照片吗?
Xiānsheng, néng bāng wǒ pāi yì zhāng zhàopiàn ma?

단어 및 표현

- ★ 要不 yàobù ~할래?(제안할 때)
- ★ 这儿 zhèr 여기
- ★ 等一会儿 děng yíhuìr 조금 기다려.
- ★ 拍一张照片 pāi yìzhāng zhàopiàn 사진 한 장 찍다
- ★ 能 ~ 吗? néng ~ ma? = ~해줄 수 있어요?
  - ex 能来吗? Néng lái ma 올 수 있니?
- ★ 先生 xiānsheng 선생님, ~씨 (성인 남성에 대한 경칭, 모르는 남자에게 말을 걸 때도 쓰임)

- ★ 在 zài ~에서
- ★ 好的! hǎode 좋아!(제안의 수락)
- ★ 帮 bāng 돕다

 중국어로 말해보세요! 도전~!

A 우리 여기서 사진 한 장 찍을까?

B 좋아! 잠시만 기다려봐.

(샤오장이 지나가는 남성에게 다가가 묻는다)

B 저기요, 사진 한 장 찍어 주실 수 있으세요?

要不 yào bù는 '~할까?' 라는 제안을 하려고 할 때 문장 제일 앞에 쓸 수 있는 표현이예요.

要不 + 我们看电影? 우리 영화 볼까?
Yàobù wǒmen kàn diànyǐng?

要不 + 我们先走? 우리 먼저 갈까?
Yàobù wǒmen xiān zǒu?

day 15

우리 말다툼 그만하자!

我们别争了！
Wǒmen bié zhēng le!

 카일의 친절한 설명

挣 zhēng은 '말다툼하다', '논쟁하다'는 의미를 가지고 있어요. 어느 화제에 관해 서로 다른 의견을 가지고 다투는 것을 말하지요.

别 bié는 '~하지 마'라는 금지의 의미이지만 만약 1인칭 주어인 我们 wǒmen과 함께 쓰일 때는 '우리 ~하지 말자!'라는 의미가 된답니다. 또한 了 le를 문장 맨 뒤에 붙이면 이 의미를 더 강조할 수 있어요.

> 我们 别 去 了! Wǒmen bié qù le! 우리 가지 말자!
> 我们 别 喝酒 了! Wǒmen bié hējiǔ le! 우리 술 마시지 말자!

 중국어 대화문

▶ 한글해석은 156쪽 참고하세요.

(샤오리와 아빠가 함께 드라마를 보고 있다.)

Ⓐ 他们应该结婚。
Tāmen yīnggāi jiéhūn.

Ⓑ 女儿！ 他们两个不般配。
Nǚ'ér! Tāmen liǎngge bù bānpèi.

Ⓐ 爸爸, 我们别争了。
Bàba, wǒmen bié zhēng le.

단어및 표현

* 他们 tāmen 그들
* 结婚 jiéhūn 결혼하다
* 两个 liǎngge 두 개
* 爸爸 bàba 아빠
* 挣 zhēng 다투다

* 应该 yīnggāi + 동사 = ~해야 한다
* 女儿 nǚ'ér 딸
* 般配 bānpèi 어울리다
* 我们 wǒmen 우리

* 他们两个 tāmen liǎngge 그들 두사람 (他们两个人의 줄임말)
* 我们别争了。 Wǒmen bié zhēng le. 우리 말다툼 그만하자.

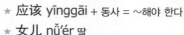 중국어로 말해보세요! 도전~!

A   쟤네는 결혼해야 해.

B   딸아! 저 둘은 안 어울려.

A   아빠 우리 말다툼 그만해요.

 카일의 친절한 tip!

'남녀 두 사람이 잘 어울리다!'라는 표현은 般配 bānpèi라는 동사를 쓰시면 된답니다.

他们 很 般配。 그들은 잘 어울려.
Tāmen hěn bānpèi.

他们 不 般配。 그들은 어울리지 않아.
Tāmen bù bānpèi.

그림을 보면서 복습해볼까요?

나 요즘 집에만 있어.

最近我很宅。
Zuìjìn wǒ hěn zhái.

잔소리 그만해!

别唠叨!
Bié láodao!

너한테 할 비밀 이야기 있어.

我有悄悄话跟你说。

Wǒ yǒu qiāoqiāohuà gēn nǐ shuō.

사진 한 장 찍어주실 수 있나요?

能帮我拍一张照片吗?

Néng bāng wǒ pāi yìzhāng zhàopiàn ma?

우리 말다툼 그만하자!

我们别争了!

Wǒmen bié zhēng le!

day
16

말하자면 길어.

说起来话长。

Shuōqǐlái huà cháng.

 카일의 친절한 설명

起来 qǐlái가 동사 뒤에 쓰이면 '~하자면, ~하니'라는 의미를 나타낸답니다.

说 shuō + 起来 qǐlái　말하자면
看 kàn + 起来 qǐlái　보아하니
听 tīng + 起来 qǐlái　듣자니

话长 huà cháng은 '말'이 길다는 뜻이예요. 话 huà는 사람이 하는 '말'이고 长 cháng은 '길다'는 의미이죠. 그래서 정리하면 说起来话长 Shuōqǐlái huà cháng은 '말하자면 길어', 즉 '이야기하자면 한 두 마디로 끝나지 않는다'라는 의미랍니다.

 중국어 대화문

▶한글해석은 157쪽 참고하세요.

Ⓐ 小李，你怎么了？看起来你很累！
　Xiǎolǐ,　nǐ zěnme le?　Kànqǐlái nǐ hěn lèi!

Ⓑ 说起来话长。
　Shuōqǐlái huàcháng.

Ⓐ 说吧，你到底怎么了？
　Shuōba,　nǐ dàodǐ zěnme le?

Ⓑ 别问了。我们先吃点儿东西吧。
　Biéwèn le.　Wǒmen xiān chīdiǎnr dōngxi ba.

단어 및 표현

★ 你怎么了? Nǐ zěnme le? 너 무슨일이야? 왜 그래?

★ 看起来 kànqǐlái 보아하니   ★ 累 lèi 피곤하다

★ 说起来话长。 shuōqǐlái huàcháng. 말하자면 길어.

★ 동사 + 吧 ba = ~하자(청유의 느낌)   ★ 到底 dàodǐ 도대체

★ 别 bié + 동사 = ~하지 마   ★ 问 wèn 묻다

★ 我们 wǒmen 우리   ★ 先 xiān 먼저

★ 吃东西 chī dōngxi 음식을 먹다

★ 동사 + 点儿 diǎnr = 조금 ~하다

    ex 吃点儿 东西 음식을 조금 먹다.   ex 喝点儿 酒 술을 조금 마시다. (*酒 jiǔ 술)

 중국어로 말해보세요! 도전~!

A   샤오리 너 무슨 일이야? 정말 지쳐보이는데.

B   말하자면 길어.

A   말해봐. 도대체 무슨 일이야?

B   묻지 마. 우리 먼저 뭐 좀 먹자.

카일의 친절한 tip!

'우리 먼저 ~부터 하자!'라고 말할 때는 '我们先 wǒmen xiān + 동사 + 吧 ba'라고 하시면 된답니다.

我们先 + 吃饭吧。 Wǒmen xiān chīfàn ba. 우리 먼저 밥부터 먹자.

我们先 + 学习吧。 Wǒmen xiān xuéxí ba. 우리 먼저 공부부터 하자.

day 17

나 우산 씌워줄 수 있니?

你能给我打伞吗?

Nǐ néng gěi wǒ dǎ sǎn ma?

 카일의 친절한 설명

打伞 dǎsǎn은 '우산을 쓰다'라는 표현이예요. 伞 sǎn은 雨伞 yǔsǎn(우산)의 줄임 말이지요. 이 打伞 dǎsǎn에 '나에게'라는 의미의 给我 gěiwǒ를 더하면 '나에게 우산 을 씌워주다.' 라는 의미가 된답니다. (给我打伞 gěi wǒ dǎ sǎn)

你能 nǐ néng ~吗 ma?는 상대방에게 '(상황, 능력 등이) ~ 할 수 있니?' 라고 물을 때 쓰는 표현이예요.

你能 出来 吗? Nǐ néng chūlái ma? 너 나올 수 있니?

你能 玩儿 吗? Nǐ néng wánr ma? 너 놀 수 있니?

 중국어 대화문

▶한글해석은 157쪽 참고하세요.

(수업을 마치고 나왔는데 건물 밖에 비가 내린다)

Ⓐ 小张, 你能给我打伞吗?
  Xiǎozhāng nǐ néng gěi wǒ dǎsǎn ma?

Ⓑ 没问题! 你去哪儿?
  Méi wèntí!   Nǐ qù nǎr?

Ⓐ 我去前面的超市, 你呢?
  Wǒ qù qiánmiàn de chāoshì, nǐ ne?

Ⓑ 我也去那儿。
  Wǒ yě qù nàr.

★ 能 néng ~할 수 있다
★ 打伞 dǎsǎn 우산을 쓰다
★ 哪儿 nǎr 어디
★ 前面 qiánmiàn 앞
★ 超市 chāoshì 슈퍼마켓
★ 也 yě ~도

★ 伞 sǎn 우산 (= 雨伞 yǔsǎn)
★ 去 qù 가다
★ 你去哪儿? Nǐ qù nǎr? 너 어디 가?
★ 的 de ~의(소유나 수식의 의미)
★ 你呢 nǐ ne? 너는?
★ 那儿 nàr 거기

★ 给 gěi ~打伞 dǎsǎn = ~에게 우산을 씌워주다
★ 没问题 méi wèntí! 문제없어! / 응 그래! (요청에 대한 흔쾌한 수락)

중국어로 말해보세요! 도전~!

A 샤오장, 나 우산 씌워줄 수 있어?

B 응 그래! 너 어디가는데?

A 난 저 앞에 슈퍼마켓 가. 너는?

B 나도 거기 가.

'한턱 쏘다' 혹은 '먹을 것을 대접하다'라는 표현은 아래 두 가지 형태로 말할 수 있어요.

• 주어 + 请客 qǐngkè
  我 请客。 Wǒ qǐngkè. 내가 한 턱 쏠께.

• 주어 + 请 qǐng + 사람 + 吃 + 음식
  我 请 你 吃饭。 Wǒ qǐng nǐ chīfàn. 내가 밥 살께.

day 18

상관하지 마!

别管了!

Bié guǎn le!

 카일의 친절한 설명

管 guǎn은 '간섭하다', '관여하다'라는 의미의 동사예요. 의미상 주로 부정형과 함께 쓰인답니다.

> 我不想 **管** 这件事。 나는 이 일에 관여하고 싶지 않아.
> Wǒ bùxiǎng guǎn zhèjiàn shì

别 bié는 '~을 하지 마'라는 금지의 의미이고 만약 문장 맨 뒤에 了 le를 함께 쓰면 이 금지의 느낌이 더 강하게 드러난답니다.

> **别** 吃 **了**! Bié chī le! 먹지 마!
> **别** 说 **了**! Bié shuō le! 말하지 마!

 중국어 대화문

▶한글해석은 157쪽 참고하세요.

Ⓐ 小张在睡觉! 我来叫醒他。
　 Xiǎozhāng zài shuìjiào! Wǒ lái jiàoxǐng tā.

Ⓑ 别管了。 让他睡吧。
　 Bié guǎn le.　Ràng tā shuì ba.

Ⓐ 为什么? 我就要叫醒他。
　 Wèi shénme?　Wǒ jiùyào jiàoxǐng tā.

★ **在 zài** + 동사 = ~를 하고 있다(진행)　　★ **睡觉 shuìjiào** 잠을 자다

★ **我来 wǒ lái** + 동사 = 내가 ~할께(주동적인 느낌)

　　ex 我来开门。 Wǒ lái kāimén. 내가 문 열께.

★ **叫醒 jiàoxǐng** + 사람 = ~를 깨우다

★ **别 bié** + 동사 + **了** = ~하지 마

★ **A** + **让 ràng** + **B** + 동사 = A가 B로 하여금 ~하게 시키다.

　　ex (你) 让 他睡吧。 (Nǐ) ràng tā shuì ba. 걔 자게 내버려둬.

★ **睡 shuì** 잠을 자다

★ **为什么**? **wèishénme** 왜?

★ **就要 jiùyào** + 동사 = 기어코 ~하려고 하다

중국어로 말해보세요! 도전~!

A　샤오장이 자고있네! 내가 깨워야지!

B　상관하지 마. 자게 내버려 둬.

A　왜? 난 기어코 깨울거야.

상대방이 반대할 때 "난 기어코 ~ 를 할거야!" 라고 말하려면 '我就要 wǒ jiùyào' 뒤에 동사를 써주시면 된답니다!

A: 晚上不要吃东西。 Wǎnshang búyào chī dōngxi. 밤에 음식 먹지 마.

B: 我就要吃! Wǒ jiùyào chī! 난 (기어코) 먹을거야!

day 19

나 적립카드 있어요.

我有积分卡！

Wǒ yǒu jīfēnkǎ!

 카일의 친절한 설명

积分卡 jīfēnkǎ는 적립카드를 말해요. 积分 jīfēn은 점수를 적립하다는 뜻이고 卡 kǎ는 카드를 말해요. 卡 kǎ는 플라스틱 카드와 종이로 된 카드를 모두 말한답니다. 중국에는 중국식 밀크티인 나이차(奶茶 nǎichá)를 파는 곳이 많아요. 이런 곳에서는 거의 다 적립카드(쿠폰)를 주고, 이 적립카드에 5개나 10개를 적립하면 하나를 무료로 주는 식의 시스템을 가지고 있어요.

 중국어 대화문

▶한글해석은 157쪽 참고하세요.

(커피숍에서)

Ⓐ 您需要什么？
Nín xūyào shénme?

Ⓑ 给我两杯美式咖啡。 我有积分卡！
Gěi wǒ liǎngbēi měishì kāfēi. Wǒ yǒu jīfēnkǎ!

(적립카드를 건네준다)

Ⓐ 您积满了！
Nín jīmǎn le!

단어 및 표현

★ **您** nín 당신 (2인칭 대명사 你의 존칭)

★ **什么** shénme 무엇

★ **美式咖啡** měishì kāfēi 아메리카노(커피 이름)

★ **有** yǒu ~가 있다

★ **积满了** jīmǎn le (적립카드를) 다 채웠다

★ **给** gěi + 사람 + 사물 = ~에게 ~을 주다

　　ex 我给你钱。 Wǒ gěi nǐ qián. 내가 너한테 돈을 줄께.

★ **杯** bēi 잔, 컵을 세는 양사

　　ex 一杯酒 yìbēijiǔ 한 잔의 술　　ex 一杯咖啡 yìbēi kāfēi 한 잔의 커피

★ **需要** xūyào + 명사 = ~가 필요하다

★ **积分卡** jīfēnkǎ 적립카드

중국어로 말해보세요! 도전~!

A 무엇이 필요하세요?

B 아메리카노 두 잔 주세요. 저 적립카드 있어요!

(적립카드를 건네준다)

A 다 채우셨군요!

카일의 친절한 tip!

적립카드 중에는 다 채우지 않더라도 5개, 8개 이렇게 단계별로 사은품을 주는 적립카드도 있지요? 그럼 '나 적립카드 안의 다섯 칸을 다 채웠어요' 란 말은 어떻게 할까요? 이 때는 채운 칸의 개수를 함께 말해주시면 된답니다!

我积满了 + 五个。 나 (적립카드의) 다섯 칸 채웠어.
Wǒ jīmǎn le　wǔ ge.

day
20

잔돈 있나요?
有零钱吗?
Yǒu língqián ma

 카일의 친절한 설명

零钱 língqián은 잔돈을 의미해요. 중국 돈의 단위는 100元, 50元, 20元, 10元, 5元, 1元 등으로 나뉜답니다. 零钱 língqián (잔돈)은 관점에 따라 다르지만 이 중에 보통 10元 이하의 단위를 말하곤 해요.

有 yǒu ~ 吗 ma?는 '~ 가 있니?'라는 의미를 가진 구문이예요. 그래서 잔돈이 필요한 여러가지 상황이 되시면 有零钱吗?Yǒu língqián ma? (잔돈 있나요?)라고 물으시면 된답니다.

 중국어 대화문

▶한글해석은 157쪽 참고하세요.

(길을 걷다 음료수 자동판매기를 발견한다)

Ⓐ 小王! 有零钱吗? 我渴死了。
　　Xiǎowáng! Yǒu língqián ma? Wǒ kě sǐ le.

Ⓑ 我有五块，够吗?
　　Wǒ yǒu wǔkuài, gòu ma?

Ⓐ 够了! 谢谢!
　　Gòule! Xièxie!

단어및표현

* ★ 有 yǒu ~가 있다
* ★ 零钱 língqián 잔돈
* ★ 渴 kě 목이 마르다
* ★ ~ 死了 sǐ le 너무 ~해서 죽겠다 ᴇx 渴死了 kě sǐ le 목 말라 죽겠어.
* ★ 五块 wǔ kuài 5위안 (元 yuán을 구어에서는 块 kuài로 말함)
* ★ 够 gòu 충분하다
* ★ 够了! gòule! 충분해!
* ★ 谢谢 xièxie 고마워

중국어로 말해보세요! 도전~!

A 샤오왕! 잔돈 있니? 나 목 말라 죽겠어.

B 나 5원 있어. 충분해?

A 충분해! 고마워!

카일의 친절한 tip!

够了! Gòule!라고 하면 '충분하다' 라는 의미도 되지만 상황에 따라서는 '(그만) 됐어!'란 의미로도 쓰일 수 있어요. 즉, 조금 강한 어투로 어떤 상황을 종결시키려는 표현이지요. 아래 예문을 함께 보실까요?

够了! 你们别吵了!
Gòu le! Nǐmen bié chǎo le!
(그만) 됐어! 너희들 말다툼 그만 해!

day **16~20**

그림을 보면서
복습해볼까요?

말하자면 길어.

说起来话长。
Shuōqǐlái huà cháng.

나 우산 씌워줄 수 있니?

你能给我打伞吗?
Nǐ néng gěi wǒ dǎ sǎn ma?

상관하지 마!

别管了！

Bié guǎn le!

나 적립카드 있어요.

我有积分卡！

Wǒ yǒu jīfēnkǎ!

잔돈 있나요?

有零钱吗?

Yǒu língqián ma

day 21

날 자극하지 마!

别刺激我了！

Bié cìjī wǒ le!

카일의 친절한 설명

刺激 cìjī는 '~를 자극하다'라는 의미를 가진 동사예요. 이 동사는 '물리적으로 ~을 자극시키다'는 의미도 있지만 어떤 사람을 '심리적으로 자극해서 도발하다'라는 의미로도 쓰인답니다.

> 别 **刺激** 他。 그를 자극하지 마
> Bié cìjī tā.
>
> 别 **刺激** 老师。 선생님을 자극하지 마
> Bié cìjī lǎoshī.
>
> 别 **刺激** 老板。 사장님을 자극하지 마
> Bié cìjī lǎobǎn.

중국어 대화문

▶한글해석은 157쪽 참고하세요.

(중국어 발음 시험 전)

Ⓐ 小李，你刚才那个发音有点儿奇怪。
　　Xiǎolǐ,　　nǐ gāngcái nàge fāyīn yǒudiǎnr qíguài.

Ⓑ **别刺激我了**，我已经练习了一个小时了！
　　Bié cìjī wǒ le,　　wǒ yǐjing liànxí le yíge xiǎoshí le!

Ⓐ 不好意思。
　　Bùhǎoyìsi.

단어 및 표현

★ 刚才 gāngcái 방금, 막

★ 发音 fāyīn 발음

★ 奇怪 qíguài 이상하다

★ 刺激 cìjī 자극하다, 자극

★ 练习 liànxí 연습하다

★ 小时 xiǎoshí 시간을 세는 양사

　　ex 一个小时 yíge xiǎoshí 한 시간　　ex 两个小时 liǎngge xiǎoshí 두 시간

★ 不好意思 bùhǎoyìsi 미안해

★ 那个 nàge 그

★ 有点儿 yǒudiǎnr 약간

★ 别 bié + 동사 = ~하지 마

★ 已经 yǐjing 이미 ~하다

중국어로 말해보세요! 도전~!

A 샤오리. 너 방금 그 발음 조금 이상한데?

B 나 자극하지마. 나 이미 한 시간 연습했거든!

A 미안.

 카일리 친절한 tip!

학습에 관련된 단어들을 한번 정리해볼까요?

• 练习 liànxí 연습하다

　练习发音 liànxí fāyīn 발음을 연습하다

• 预习 yùxí 예습하다

　预习课文 yùxí kèwén 본문을 예습하다

• 复习 fùxí 복습하다

　复习功课 fùxí gōngkè 수업내용을 복습하다

카일의 친절한 설명

插 chā는 '어느 공간에 무엇을 끼워넣다'라는 의미가 있어요.

嘴 zuǐ는 '입'이예요. 그래서 插嘴 chāzuǐ는 '입을 끼워넣다', 즉, '누가 어떤 말을 하고 있는데 중간에 끼어들다' 라는 의미가 된답니다. 그럼 插 chā가 들어간 다른 단어들을 몇 개 더 살펴볼까요?

插队 chāduì 대열에 끼어들다 = 새치기하다
插花 chāhuā 꽃을 끼워넣다 = 꽃꽂이 하다
插画 chāhuà 끼워넣은 그림 = 삽화
插头 chātóu 끼워넣는 자투리 = 플러그(plug)

중국어 대화문

▶한글해석은 157쪽 참고하세요.

(샤오리가 음식점에 전화를 걸어서 배달을 시킨다)

Ⓐ 你好。 要两个鱼香肉丝和一瓶可乐！
Nǐ hǎo.　　Yào liǎngge yúxiāngròusī hé yìpíng kělè.

(옆에 있던 샤오왕이 끼어든다)

Ⓑ 等会儿！ 我要喝啤酒。
Děnghuìr!　　Wǒ yào hē píjiǔ.

Ⓐ 别插嘴！
Bié chāzuǐ!

단어및표현

* **要** yào + 명사 = ~를 원하다

  ex (我)要两个鱼香肉丝。위샹로우쓰 두 그릇 주세요.
  (전화로 배달 시킬 때는 주어인 我를 일반적으로 생략함)

* **鱼香肉丝** yúxiāngròusī 위샹로우쓰(중국요리)

* **和** hé ~와(명사의 병렬) ex 我要这个和那个。이것과 저것 주세요.

* **瓶** píng 병을 세는 양사   * **可乐** kělè 콜라

* **等会儿!** děnghuìr! 조금만 기다려!   * **喝** hē 마시다

* **啤酒** píjiǔ 맥주   * **别** bié + 동사 = ~하지마

* **插嘴** chāzuǐ (남이 말하는데) 끼어들다

 중국어로 말해보세요! 도전~!

A 여보세요. 위샹로우쓰 두 그릇하고 콜라 한 병 주세요.

(옆에 있던 샤오왕이 끼어든다)

B 잠깐! 나 맥주 마시고 싶어.

A 끼어들지 마!

 카일의 친절한 tip!

等会儿! děnghuìr!은 상대방이 어떤 행동을 하기 전 '잠깐!' 이라고 말하며 제지할 때 쓰는 표현이예요. 等一会儿! děng yíhuìr에서 一가 생략된 표현이지요. 이 두 표현의 의미는 같답니다.

day 23

나 너한테 관심있어.

我很关心你。

Wǒ hěn guānxīn nǐ.

카일의 친절한 설명

关心 guānxīn 뒤에 목적어를 쓰시면 '주어가 ~에 관심이 있다'라는 의미가 된답
니다.

> 我很 + **关心** + 你 = 난 너에게 관심있어.
> 他很 + **关心** + 这个 = 그는 이것에 관심있어.

만약 '~에게 관심 없어' 라고 말하시려면 关心 앞에 **不** bù를 살짝 넣어주시면 돼요.

> 我 **不关心** + 她 = 난 그녀에게 관심 없어.
> 我 **不关心** + 旅行 = 난 여행에 관심 없어
> * 旅行 lǚxíng 여행

중국어 대화문

▶한글해석은 157쪽 참고하세요.

Ⓐ 你现在有时间吗？
Nǐ xiànzài yǒu shíjiān ma?

Ⓑ 有，你有事儿吗？
Yǒu, nǐ yǒu shìr ma?

Ⓐ 我有话跟你说。 **我很关心你。**
Wǒ yǒu huà gēn nǐ shuō. Wǒ hěn guānxīn nǐ.

단어 및 표현

* 现在 xiànzài 지금
* 有时间 yǒu shíjiān 시간이 있다
* 你有事儿吗? Nǐ yǒu shìr ma? 무슨 일 있니?
* 我有话跟你说。 Wǒ yǒu huà gēn nǐ shuō. 나 너한테 할 말 있어.
* 关心 guānxīn + 사람/사물 = ~에 관심 있다
  ex 我很关心小李。 난 샤오리에게 관심있어.

* 有 yǒu 있다
* 有事儿 yǒu shìr 일이 있다
* 话 huà 말

 중국어로 말해보세요! 도전~!

A 너 지금 시간 있니?

B 응 있어. 무슨 일 있니?

A 너한테 할 말 있어. 나 너한테 관심 있어.

 카일의 친절한 tip!

我有话跟你说。 Wǒ yǒu huà gēn nǐ shuō. 에서와 같이 有가 들어간 구문은 뒤에서 목적어를 수식할 수 있는 구문이예요.

〈주어 + 有 + 목적어 + 목적어 수식부분〉

* 我有话 + 跟你说。 나는 말이 있어 + 너에게 말할
  Wǒ yǒu huà gēn nǐ shuō.
* 我有东西 + 给你。 나는 물건이 있어 + 너에게 줄
  Wǒ yǒu dōngxi gěi nǐ.

day 24

정말 닭살이야!

真肉麻!

Zhēn ròu má!

 카일의 친절한 설명

肉麻 ròu má는 사람의 어떤 행위가 '닭살 돋고 낯간지럽다' 는 의미를 가지고 있어요. 肉 ròu는 살을 말하고 麻 má는 '쥐나다', '저리다'라는 의미랍니다. 그래서 두 단어를 결합하면 肉(살이) + 麻(저리다) 즉, '닭살 돋다', '낯간지럽다'라는 의미가 되지요.

어떤 커플이 낯간지러운 행동을 하고 있거나, 친구가 느끼한 말투로 이야기를 할 때 真肉麻! Zhēn ròu má! 라고 크게 외쳐주세요^^

 중국어 대화문

▶한글해석은 157쪽 참고하세요.

Ⓐ **小李, 你今天真漂亮。**
Xiǎolǐ,　nǐ jīntiān zhēn piàoliang.

Ⓑ **真肉麻!**
Zhēn ròumá!

Ⓐ **你能不能借给我十块钱?**
Nǐ néng bu néng jiè gěi wǒ shí kuàiqián?

Ⓑ **怪不得……**
Guài bu de ......

단어 및 표현

* ★ 今天 jīntiān 오늘
* ★ 真 zhēn 정말
* ★ 漂亮 piàoliang 예쁘다
* ★ 真肉麻! Zhēn ròumá! 정말 닭살이야! 낯 간지러워!
* ★ 能不能 néng bu néng ~해줄 수 있어요?
* ★ 借给 jiègěi + 사람 + 사물 = ~에게 ~를 빌려주다
  > ex 我借给他我的书了。 난 걔한테 내 책 빌려줬어.
* ★ 怪不得! guài bu de 어쩐지!

선생님! 톡톡! 중국어로 말해보세요! 도전~!

A 샤오리! 너 오늘 정말 예쁘다.

B 정말 닭살이야!

A 너 나한테 10위안만 빌려줄 수 있어?

B 그럼 그렇지……

카일의 친절한 tip!

怪不得 guài bu de는 우리말의 '그럼 그렇지~!'와 같은 의미예요. 어떤 행동이나 현상을 보고 '어? 조금 이상한데?'라고 생각하다가 나중에 그 원인을 알아냈을 때 무릎을 탁 치면서 말할 수 있는 표현이지요.

너 핸드폰 정말 멋진데!

day 25

你的手机真酷！

Nǐ de shǒujī zhēn kù!

카일의 친절한 설명

酷 kù 발음이 어딘가 낯설지 않죠? 빙고! 酷 kù는 바로 영어단어 Cool! (멋진데!)에서 왔답니다. 발음이 서로 비슷하죠? 그래서 酷 kù는 '~가 정말 멋지다!' 라는 의미를 가지고 있어요. 예문을 함께 보실까요?

你的手机 + 真酷！ 너 핸드폰 정말 멋진데!
Nǐ de shǒujī zhēn kù!

你的眼镜 + 真酷！ 너 안경 정말 멋진데!
Nǐ de yǎnjìng zhēnkù!

今天你 + 真酷！ 오늘 너 정말 멋진데!
Jīntiān nǐ zhēn kù!

중국어 대화문

▶한글해석은 157쪽 참고하세요.

Ⓐ 你的手机真酷！ 是新买的吗？
　 Nǐ de shǒujī zhēn kù!　Shì xīn mǎi de ma?

Ⓑ 对，是在网上买的。
　 Duì,　shì zài wǎngshang mǎi de.

Ⓐ 真羡慕你！
　 Zhēn xiànmù nǐ!

단어 및 표현

- ★ **手机 shǒujī** 핸드폰
- ★ **酷 kù** 멋지다, 쿨하다(영어 cool에서 옴)
- ★ **买 mǎi** 사다
- ★ **真 zhēn** 정말
- ★ **新 xīn** 새로
- ★ **对 duì** 응, 맞아
- ★ **是 shì ~ 的 de** (이미 일어난 일의 장소, 방법, 시간 등을 강조하기 위해서 쓰는 구문)
  - ex **这是在网上买的。** 이건 인터넷에서 산거야 (장소)
  - ex **你是什么时候来的?** 넌 언제 온거야? (시간)
- ★ **在网上 zài wǎngshang** 인터넷에서
- ★ 주어 + **羡慕 xiànmù** + 사람 = ~를 부러워하다 ex **我羡慕你。** 난 네가 부러워.

 중국어로 말해보세요! 도전~!

A 너 핸드폰 정말 멋진데! 새로 산거야?

B 응. 인터넷으로 산거야.

A 정말 부럽다!

网 wǎng은 인터넷을 의미해요. 그래서 '在网上 zài wǎngshang + 동사' 이렇게 쓰시면 '인터넷에서 ~를 하다' 라는 의미가 된답니다.

在网上 + 买东西 mǎi dōngxi = 인터넷에서 물건을 사다
在网上 + 聊天 liáotiān = 인터넷에서 이야기를 하다
在网上 + 学习 xuéxí = 인터넷에서 공부를 하다

그림을 보면서 복습해볼까요?

날 자극하지 마!

別刺激我了！
Bié cìjī wǒ le!

끼어들지 마!

別插嘴！
Bié chāzuǐ!

나 너한테 관심있어.

我很关心你。

Wǒ hěn guānxīn nǐ.

정말 닭살이야!

真肉麻！

Zhēn ròu má!

너 핸드폰 정말 멋진데!

你的手机真酷！

Nǐ de shǒujī zhēn kù!

day 26

너 보이스피싱 전화 받았구나!

你接到了一个诈骗电话!

Nǐ jiēdào le yíge zhàpiàn diànhuà!

 카일의 친절한 설명

接电话 jiē diànhuà는 '전화를 받다'라는 의미예요. 반대로 '전화 걸다'는 打电话 dǎ diànhuà라고 하지요.

诈骗 zhàpiàn은 '사기를 쳐서 재물을 갈취하다' 라는 의미를 가지고 있어요. 그래서 诈骗电话 zhàpiàn diànhuà는 우리가 흔히 말하는 보이스피싱(voice phishing)을 말한답니다.

 중국어 대화문

▶한글해석은 158쪽 참고하세요.

Ⓐ 我今天接到了一个电话。
Wǒ jīntiān jiēdào le yíge diànhuà.

Ⓑ 什么电话?
Shénme diànhuà?

Ⓐ 有人要我给他钱。
Yǒurén yào wǒ gěi tā qián.

Ⓑ 你接到了一个诈骗电话!
Nǐ jiēdào le yíge zhàpiàn diànhuà!

단어 및 표현

* 今天 jīntiān 오늘
* 什么 shénme 무슨
* 要 yào + 사람 + 동사 = ~가 ~하기를 원하다
* 接到 jiēdào (전화 등을) 받다
  [참고] 여기서 到는 결과보어로 '동작 목적의 달성'을 말합니다. 즉 '확실히 받았다'는 의미를 포함해요.
  ex 我买到了那个。나 그거 샀어.   ex 我看到了他。나 걔 봤어.
* 诈骗电话 zhàpiàn diànhuà 보이스피싱 전화
* 给 gěi + 사람 + 물건 = ~에게 …를 주다 ex 我给你这个。너한테 이걸 줄게.

* 电话 diànhuà 전화
* 有人 yǒurén 어떤 사람
* 钱 qián 돈

 중국어로 말해보세요! 도전~!

A 나 오늘 전화 한 통 받았어.

B 무슨 전화?

A 어떤 사람이 나한테 돈을 주래.

B 너 보이스 피싱 전화 받았구나!

 카일의 친절한 tip!

본문의 문장 '有人要我给他钱。'은 '要 구문'으로 이해하시면 된답니다. 이 구문을 쓰시면 '목적어가 ~를 하기를 원하다!'라는 의미를 전달하실 수 있죠.

• 我 要 你 + 回来 huílái。 난 네가 돌아오기를 원해.
• 我 要 他 + 工作 gōngzuò。 난 그가 일하기를 바래.

day 27

나 핸드폰 충전하고 싶어요.

我要给我的手机充电。

Wǒ yào gěi wǒ de shǒujī chōngdiàn.

카일의 친절한 설명

充电 chōngdiàn은 '충전하다'란 의미예요. 하지만 중요한 것은 이 단어는 바로 뒤에 목적어를 쓰지 않는다는 점이지요. 즉 充电手机라고 쓰지 않는답니다. 필히 给 gěi ~ 充电 chōngdiàn 이런식으로 쓰셔야 해요.

> 我要(yào) + 给 + 我的手机充电。
> 난 핸드폰 충전하고 싶어.
>
> 我 应该(yīnggāi) + 给 + 我的手机充电。
> 난 핸드폰 충전해야만 해.
>
> 我 忘了(wàngle) + 给 + 我的手机充电。
> 난 핸드폰 충전하는 것을 잊어버렸어.

중국어 대화문

▶한글해석은 158쪽 참고하세요.

(카페에 들어가서)

Ⓐ **我要给我的手机充电。**
Wǒ yào gěi wǒ de shǒujī chōngdiàn.

Ⓑ 请给我。 我帮您充电。
Qǐng gěi wǒ.　Wǒ bāng nín chōngdiàn.

Ⓐ 谢谢！
Xièxie!

단어및표현

★ 要 yào + 동사 = ~를 하고 싶다

★ 给 gěi ~ 充电 chōngdiàn = ~을 충전하다

★ 给 gěi 주다

★ 帮 bāng ~를 돕다
　❶ 주어+帮+ 목적어 = ~를 돕다　ex 我帮你！ 내가 널 도와줄께.
　❷ 주어+帮+목적어+동사 = ~를 도와서 ~를 하다　ex 我帮你看。 내가 (널 도와서) 봐줄께.

★ 您 nín 당신 (2인칭 你 nǐ의 존칭)

★ 谢谢 xièxie 감사합니다

중국어로 말해보세요! 도전~!

A 저 핸드폰 충전하고 싶은데요.

B 저에게 주세요. 제가 충전해 드릴께요.

A 고맙습니다!

카일의 친절한 tip!

帮 bāng은 단독으로 쓰일때는 '~ 를 돕다'라는 의미이지만 목적어 뒤에 동사를 더하면 '~를
도와서 ~를 하다'라는 의미도 표현할 수 있어요.

我 帮 你 电充 chōngdiàn。 내가 (널 도와서) 충전해줄께.

我 帮 你 打扫 dǎsǎo。　　내가 (널 도와서) 청소해줄께.

我 帮 你 写 xiě。　　　　내가 (널 도와서) 써줄께.

day
28

참을 수 없어!

我受不了了!
Wǒ shòubuliǎo le!

카일의 친절한 설명

受 shòu는 '어느 대상이나 일'에 대해서 '참다' 라는 의미를 가지고 있어요.

不了 buliǎo를 동사 뒤에 넣으면 '~를 할 수 없다'라는 '불가능'의 의미가 더해진답니다. 그래서 受不了 shòubuliǎo라고 하면 '참을 수 없다!'라는 의미가 되지요!
그러면 동사 뒤에 不了 buliǎo가 들어간 다른 표현들을 한번 보실까요?

受不了 shòubuliǎo 참을 수 없어!
看不了 kànbuliǎo 볼 수 없어!
听不了 tīngbuliǎo 들을 수 없어!
走不了 zǒubuliǎo 걸을 수 없어!
跑不了 pǎobuliǎo 뛸 수 없어! / 도망칠 수 없어!

중국어 대화문

▶한글해석은 158쪽 참고하세요.

(팅팅이 울면서 엄마에게 말한다)

Ⓐ 妈！弟弟偷看了我的日记本!
Mā! Dìdi tōu kàn le wǒ de rìjìběn!

Ⓑ 妈妈会好好儿教训他的! 别哭!
Māma huì hǎohāor jiàoxùn tā de! Bié kū!

Ⓐ 我受不了了!
Wǒ shòubuliǎo le!

단어 및 표현

★ **偷 tōu** 훔치다, 몰래 ~를 하다

   ❶ 偷 + 명사 = ~를 훔치다 `ex` 他 偷了 我的钱。 그는 내 돈을 훔쳤어.

   ❷ 偷 + 동사 = 몰래 ~를 하다 `ex` 他 偷看了 我的书。 그는 내 책을 몰래 봤어.

★ **日记本 rìjìběn** 일기장   ★ **妈妈 māma** 엄마

★ **会~ 的 huì ~ de** 할 것이다   ★ **好好儿 hǎohāor** 잘

★ **教训 jiàoxùn** + 목적어 = ~를 (말로) 혼내주다 ★ **别 bié** ~하지 마

★ **哭 kū** 울다

★ **受不了了！Shòubuliǎo le!** 참을 수 없어!

 **중국어**로 말해보세요! 도전~!

A   엄마! 남동생이 내 일기장을 몰래 봤어!

B   엄마가 잘 혼내줄께! 그만 우렴!

A   참을 수 없어!

카일의 친절한 tip!

教训 jiàoxùn은 '교훈'이라는 명사의 의미도 있지만 '教训 + 사람' 이렇게 쓰면 '(윗사람이 아랫사람을 말로) 혼내주다, 꾸짖다' 라는 의미가 된답니다.

你 去 教训 他！ 너가 가서 걔 좀 혼내 줘!
Nǐ qù jiàoxùn tā!

day 29

자책하지 마!

别自责!

Bié zìzé!

 카일의 친절한 설명

自责 zìzé는 '자책하다'라는 의미를 가진 동사예요. 즉, 어떤 일을 한 후에 그 일로 인해서 자신을 책망하고 괴로워 하는 것을 말하지요. 自 zì는 '자신'을 뜻하고 责 zé는 '책망하다'는 의미를 갖는답니다.

别 bié는 이미 보셨듯이 '~하지마' 라는 금지의 의미예요. 别 bié는 같은 의미를 가진 不要 búyào로도 대체가 가능하답니다.

别 自责 ! Bié zìzé !   자책하지 마!
不要 自责 ! Búyào zìzé !   자책하지 마!

 중국어 대화문

▶ 한글해석은 158쪽 참고하세요.

Ⓐ 我刚喝了酸奶，现在肚子很痛。
　 Wǒ gāng hē le suānnǎi, xiànzài dùzi hěn tòng.

Ⓑ 都是我的错，那是我买的。
　 Dōu shì wǒ de cuò,　nà shì wǒ mǎi de.

Ⓐ 别自责!
　 Bié zìzé!

단어및표현

- ★ 刚 gāng 방금, 막
- ★ 酸奶 suānnǎi 요구르트
- ★ 肚子 dùzi 배
- ★ 都 dōu 모두
- ★ 买 mǎi 사다
- ★ 自责 zìzé 자책하다
- ★ 错 cuò 잘못 ex 这是你的错。 이건 너의 잘못이야.

- ★ 喝 hē 마시다
- ★ 现在 xiànzài 현재, 지금
- ★ 痛 tòng 아프다
- ★ 那 nà 그, 그것
- ★ 别 bié + 동사 = ~하지마

생생! 톡톡! 중국어로 말해보세요! 도전~!

A 방금 요구르트 먹었는데 지금 배가 너무 아파.

B 다 내 탓이야. 그거 내가 산 거야.

A 자책하지 마!

식품의 유통기한은 중국어로 保质期 bǎozhìqī 라고 해요. 그럼 '유통기한이 지났어'는 뭐라고 할까요? 바로 过期了。Guòqīle.라고 한답니다. 여기서 过 guò는 지나다, 期 qī는 유통기한(保质期 bǎozhìqī)을 의미하지요.

day 30

내가 또 옆길로 샜네!

我又扯远了!

Wǒ yòu chěyuǎn le!

 카일의 친절한 설명

扯 chě는 '쓸데없는 소리를 하다, 잡담을 하다'는 의미를 가진 동사예요. 远 yuǎn 은 '멀다'라는 의미를 가지고 있지요. 그래서 扯远了 chěyuǎn le의 의미를 정리를 하 면 아래와 같답니다.

> 扯远了 chě yuǎn le
> 쓸데없는 소리를 멀리까지 했다 ⋯ 말을 하다가 (자기도 모르는 사이에) 옆길로 샜다.

 중국어 대화문

▶한글해석은 158쪽 참고하세요.

(중국어 수업시간)

Ⓐ 老师最喜欢的菜是宫保鸡丁。 你们吃过
Lǎoshī zuì xǐhuan de cài shì gōngbǎojīdīng.　　Nǐmen chī guo

这个菜吗?
zhège cài ma?

Ⓑ 老师！我们什么时候开始学习?
Lǎoshī!　　Wǒmen shénme shíhou kāishǐ xuéxí?

Ⓐ 我又扯远了!
Wǒ yòu chěyuǎn le.

단어 및 표현

★ 最 zuì 제일

★ 喜欢 xǐhuan 좋아하다

★ 菜 cài 음식

★ 宫保鸡丁 gōngbǎojīdīng 꽁바오지딩 (중국음식 이름)

★ 吃 chī 먹다

★ 老师 lǎoshī 선생님

★ 什么时候 shénme shíhou 언제

★ 开始 kāishǐ 시작하다

★ 学习 xuéxí 공부하다

★ 동사 + 过 guo = 한 적이 있다. ex 我去过北京。 나는 베이징에 간 적이 있어.

★ 又 yòu 또 ∼를 하다 ex 他又来了。 Tā yòu lái le. 걔 또 왔어.

★ 扯远 chě yuǎn 옆길로 새다(딴 소리를 하다)

중국어로 말해보세요! 도전∼!

A 선생님이 제일 좋아하는 음식은 꽁바오지딩이예요. 여러분은 이 음식 먹어봤나요?

B 선생님, 우리 언제 공부 시작하나요?

A 내가 또 옆길로 샜네!

过 guo 는 동사 뒤에 쓰여서 '∼ 를 한 적이 있다' 라는 경험의 의미를 나타낼 수 있어요.

• 我 吃过 鱼香肉丝。 난 위샹로우쓰를 먹은 적이 있어.

* 鱼香肉丝 yúxiāngròusī 위샹로우쓰(중국음식 이름)

• 我 看过 成龙。 난 성룡을 본 적이 있어.

* 成龙 Chénglóng 성룡(홍콩 영화배우)

그림을 보면서
복습해볼까요?

너 보이스피싱 전화 받았구나!

你接到了一个
诈骗电话！

Nǐ jiēdào le yíge zhàpiàn
diànhuà!

나 핸드폰 충전하고 싶어요.

我要给我的
手机充电。

Wǒ yào gěi wǒ de shǒujī
chōngdiàn.

참을 수 없어!

我受不了了!

Wǒ shòubuliǎo le!

자책하지 마!

别自责!

Bié zìzé!

내가 또 옆길로 샜네!

我又扯远了!

Wǒ yòu chěyuǎn le!

day 31

개가 날 바람맞혔어.

他放了我鸽子。

Tā fàngle wǒ gēzi.

 카일의 친절한 설명

鸽子 gēzi는 우리가 길거리에서 자주 보는 비둘기를 말해요.

放 fàng은 '~를 풀어주다'라는 의미를 가지고 있지요. 그래서 放鸽子 fàng gēzi라고 하면 비둘기를 놓아주는 것을 말해요. 비둘기를 한번 놓아주면 훈련시키지 않는 한 돌아오지 않기 때문에 放鸽子 fàng gēzi 라고 하면 '약속해 놓고 나오지 않아 바람맞히다' 혹은 '약속을 안 지키다'라는 의미로 쓰인답니다. 또한 '放 + 사람 + 鸽子' 이렇게 쓰시면 '~를 바람맞히다!' 라는 의미가 되지요!

 중국어 대화문

▶한글해석은 158쪽 참고하세요.

Ⓐ 你昨天为什么放了我鸽子?
　Nǐ zuótiān wèishénme fàng le wǒ gēzi?

Ⓑ 我的天! 我记错了。对不起!
　Wǒ de tiān!　Wǒ jìcuò le.　　Duìbuqǐ!

Ⓐ 等着瞧!
　Děngzhe qiáo!

단어및표현

* 昨天 zuótiān 어제
* 为什么 wèishénme 왜?
* 放 fàng 놓아주다, 풀어주다
* 鸽子 gēzi 비둘기
* 放 fàng + 사람 + 鸽子 gēzi = ~를 바람맞히다, ~와의 약속을 지키지 않다
* 我的天！wǒdetiān 세상에! (놀람, 감탄)
* 记错 jìcuò 잘못 기억하다
* 等着瞧! děngzhe qiáo 두고보자!

생생! 톡톡! 중국어로 말해보세요! 도전~!

A 너 어제 왜 나 바람맞혔어?

B 이럴수가. 잘못 기억했어. 미안해!

A 두고보자!

놀랐을 때 '세상에!' (오 마이갓)란 말을 많이 쓰죠?
이 말을 중국어로는 我的天! wǒdetiān이라고 합니다. 직역하면 '나의 하늘'이죠. 중국 사람들은 옛날부터 하늘을 '신'으로 섬겨왔기 때문에 이런 말이 생겼다고 볼 수 있지요. 같은 의미의 표현으로는 天哪! tiānna가 있어요. 이것 역시 '세상에!'란 의미랍니다.

day 32

멋대로 말하지 마!

别瞎说！
Bié xiāshuō!

 카일의 친절한 설명

瞎 xiā는 '눈이 멀다'라는 의미가 있어요. 여기서부터 파생된 의미가 '멋대로(맘대로) ~를 하다'랍니다. 그래서 瞎说 xiā shuō라고 하면 '멋대로 말을 하다'라는 의미가 된답니다. 그럼 瞎 xiā를 이용한 다양한 표현들을 함께 보실까요?

瞎说 xiā shuō	멋대로 말을 하다
瞎看 xiā kàn	멋대로 보다
瞎学习 xiā xuéxí	멋대로 공부하다
瞎拍 xiā pāi	멋대로 사진찍다
瞎碰 xiā pèng	멋대로 건드리다

중국어 대화문

▶한글해석은 158쪽 참고하세요.

Ⓐ 你今天穿得很漂亮！ 是不是有约会？
　　Nǐ jīntiān chuānde hěn piàoliang!　Shìbushì yǒu yuēhuì?

Ⓑ 别瞎说！ 我一直都穿得很漂亮。
　　Bié xiāshuō!　Wǒ yìzhí dōu chuānde hěn piàoliang.

Ⓐ 是吗？
　　Shì ma?

단어및 표현

★ 今天 Jīntiān 오늘
★ 漂亮 piàoliang 예쁘다
★ 有 yǒu 있다
★ 别瞎说 bié xiāshuō 멋대로 말하지 마
★ 穿得很漂亮 chuānde hěn piàoliang 예쁘게 입다
★ 是吗? Shì ma? 그래? (吗를 길고 강하게 하면 방금 전 들은 내용에 대한 의문의 느낌을 낼 수 있음.)

★ 穿 chuān 입다
★ 是不是 shìbushì ~? = ~야, 아니야?
★ 约会 yuēhuì 약속(현재는 주로 데이트를 가리킴)
★ 一直 yìzhí 줄곧

중국어로 말해보세요! 도전~!

A 너 오늘 예쁘게 입었네! 데이트 약속 있어?

B 멋대로 말 하지마! 나 지금까지 계속 예쁘게 입었거든?

A 그래?

你今天穿得很漂亮! Nǐ jīntiān chuānde hěn piàoliang!에서 得 de 이하는 '정도보어'라고 해요. 정도보어는 동사의 뒤에 붙어서 그 동작의 정도를 나타내주는 요소랍니다. 즉, '옷을 입었는데 그 정도가 매우 예쁘다!' 라고 해석할 수 있어요. 아래 두 문장을 비교해보실까요?

你 穿得 + 很漂亮! 너 예쁘게 입었네.
你 穿得 + 不漂亮! 너 안 예쁘게 입었네.

설명할 필요 없어!
不用解释！
Búyòng jiěshì!

day 33

카일의 친절한 설명

不用 búyòng은 동사 앞에 쓰여서 '어떤 동작을 할 필요가 없음'을 나타낸답니다.

你 **不用** + 来。　　 너 올 필요 없어.
你 **不用** + 知道。　 너가 알 필요 없어.

解释 jiěshì는 '어떤 일에 대해서 설명하거나 해명하다' 라는 의미를 가진 동사예요. 그래서 **不用解释** búyòng jiěshì는 '(어떤 일에 대해) 더 설명할 필요 없어', '변명할 필요 없어' 라는 말이 되는 것이지요.

중국어 대화문

▶한글해석은 158쪽 참고하세요.

Ⓐ 小李，昨天真的对不起。
　 Xiǎolǐ,　　 zuótiān zhēnde duìbuqǐ.

Ⓑ 你对不起什么？
　 Nǐ duìbuqǐ shénme?

Ⓐ 不是我不想接你的电话，其实……
　 Búshì wǒ bùxiǎng jiē nǐ de diànhuà,　　 qíshí……

Ⓑ 不用解释！
　 Búyòng jiěshì!

단어 및 표현

★ 昨天 zuótiān 어제
★ 对不起 duìbuqǐ 미안해
★ 接电话 jiē diànhuà 전화를 받다
★ 真的 zhēnde 정말
★ 不是 búshì = ~가 아니다
★ 其实 qíshí 사실
★ 对不起什么? duìbuqǐ shénme 뭐가 미안해?
★ 不想 bùxiǎng + 동사 = ~를 하기 싫다 (ex) 我不想学习。 나 공부하기 싫어.
★ 不用 búyòng + 동사 = ~를 할 필요 없다 (ex) 你不用去。 너 갈 필요 없어.
★ 解释 jiěshì 설명하다, 해명하다

 중국어로 말해보세요! 도전~!

A 샤오리 어제 정말 미안해.

B 뭐가 미안한데?

A 내가 너 전화를 받기 싫어서 그런것이 아니야. 사실……

B 설명할 필요 없어!

'설명할 필요 없어!'는 不用解释 búyòng jiěshì!라고 하지요. 그럼 반대로 말 하는 사람 입장에서 '내 설명 좀 들어봐!'라고 하려면 어떻게 해야할까요? 이 때는 '듣다'라는 뜻을 가진 동사 听 tīng 을 쓰시면 된답니다.

你 听 我解释 ! Nǐ tīng wǒ jiěshì! 내 설명 좀 들어봐!

day 34

우리는 소통이 필요해.

我们需要沟通。

Wǒmen xūyào gōutōng.

 카일의 친절한 설명

沟通 gōutōng은 우리말의 '소통'과 의미가 같아요. 즉, 마음속의 이야기를 상대방과 터놓고 교류하는 것을 말한답니다. 沟通 gōutōng은 아래 두 가지 용법으로 쓸 수 있어요.

❶ '소통'이라는 명사로 쓰일 수 있어요.

我们需要 + 沟通。 Wǒmen xūyào gōutōng. 우리는 소통이 필요해.

❷ '~와 소통하다'라는 동사로도 쓰여요. 주의하실 점은 跟(~와)을 꼭 쓰셔야 한다는 점!

我想 + 跟 + 你 + 沟通。 Wǒ xiǎng gēn nǐ gōutōng. 나는 너와 소통하고 싶어.

 중국어 대화문

▶한글해석은 158쪽 참고하세요.

Ⓐ 小张, 你还生我的气吗?
　　Xiǎozhāng, nǐ hái shēng wǒ de qì ma?

Ⓑ 对。 我不想跟你说话。
　　Duì.　 Wǒ bùxiǎng gēn nǐ shuōhuà.

Ⓐ 我们需要沟通, 你听我解释。
　　Wǒmen xūyào gōutōng, nǐ tīng wǒ jiěshì.

단어 및 표현

- ★ 还 hái 아직
- ★ 对 duì 맞아(긍정의 대답)
- ★ 跟 gēn ~ 说话 shuōhuà = ~와 이야기하다, 말하다

  ex 我想跟他说话。 난 걔하고 이야기하고 싶어.

- ★ 我们 wǒmen 우리
- ★ 需要 xūyào + 명사/동사 = ~가 필요하다, ~를 할 필요가 있다

  ex 我 需要 这个。 난 이게 필요해.

  ex 你 需要 去那儿。 너는 거기에 갈 필요가 있어.

- ★ 沟通 gōutōng 소통, 소통하다
- ★ 生 shēng ~ 的气 de qì = ~에게 화나다
- ★ 不想 bùxiǎng + 동사 = ~를 하고 싶지 않다
- ★ 解释 jiěshì 설명하다

 중국어로 말해보세요! 도전~!

A 샤오장. 너 아직도 나한테 화났어?

B 응. 나 너하고 이야기하고 싶지 않아.

A 우리는 소통이 필요해. 내 말 좀 들어봐.

'누구에게 화가 나다!' 라는 표현은 生 shēng ~ 的气 de qì 라고 해요. 주의하실 점은 的 de 앞에 '화가 난 대상'을 넣는다는 것이죠.

我 生 + 他的气。 Wǒ shēng tā de qì. 나는 걔한테 화났어.

爸爸 生 + 我的气。 Bàba shēng wǒ de qì. 아빠는 나한테 화나셨어.

그냥 좀 볼게요!

day 35

我随便看看。
Wǒ suíbiàn kànkan.

 카일의 친절한 설명

随便 suíbiàn은 '마음대로 ~하다'라는 의미예요.

> 随便 + 玩儿。suíbiàn wánr   마음대로 놀다.
> 随便 + 说话。suíbiàn shuōhuà   마음대로 말을 하다.

看看 kànkan은 '좀 보다'라는 의미예요. 중국어에서 동작이나 행위를 나타내는 동사를 두 번 반복하면 '좀 ~하다'라는 의미가 생긴답니다.

그래서 我随便看看。Wǒ suíbiàn kànkan은 '맘대로 좀 보다 ⋯ 그냥 좀 볼게요.'라는 의미가 된답니다.

 중국어 대화문

▶한글해석은 158쪽 참고하세요.

(백화점에서 쇼핑을 하는데 종업원이 말을 건다)

Ⓐ 您好, 您要找什么?
    Nínhǎo, nín yào zhǎo shénme?

Ⓑ 我随便看看。
    Wǒ suíbiàn kànkan.

Ⓐ 好的。 请慢慢儿看。
    Hǎode. Qǐng mànmānr kàn.

단어및표현

★ **您** nín 당신 (2인칭 대명사 你의 존칭)

★ **您好!** nínhǎo 안녕하세요(你好보다 높임 표현)

★ **要** yào + 동사 = ~하고 싶다　　　★ **找** zhǎo 찾다

★ **什么** shénme 무엇　　　　　　　★ **随便** suíbiàn 마음대로

★ **看看** kànkan 좀 보다　　　　　　★ **请** qǐng + 동사 = ~해주세요

★ **我随便看看。** Wǒ suíbiàn kànkan. 그냥 좀 볼게요.(백화점 등에서)

★ **好的** hǎode 알았어, 알겠어요(상대방의 제안이나 요구를 승낙할 때)

★ **慢慢儿** mànmānr 천천히　　　　★ **看** kàn 보다

중국어로 말해보세요! 도전~!

A　안녕하세요! 무얼 찾으시나요?

B　그냥 좀 볼게요!

A　네. 천천히 보세요.

상대방이 어떤 '제안'을 하거나 '지시'를 할 때 '승낙'의 의미로 쓸 수 있는 중국어 표현들에는
뭐가 있을까요?

*好的 hǎode! (알겠어/ 알았어요)는 상하관계에 상관 없이 편하게 쓸 수 있는 말이예요.
하지만 윗 사람에게 좀 격식을 차려서 말해야 될 때가 있죠? 그 때는 *知道了 zhīdao le
(알겠습니다)를 쓰시면 된답니다.

그림을 보면서 복습해볼까요?

개가 날 바람맞혔어.

他放了我鸽子。
Tā fàngle wǒ gēzi.

멋대로 말하지 마!

别瞎说！
Bié xiāshuō!

설명할 필요 없어!

不用解释！

Búyòng jiěshì!

우리는 소통이 필요해.

我们需要沟通。

Wǒmen xūyào gōutōng.

그냥 좀 볼게요!

我随便看看。

Wǒ suíbiàn kànkan.

day 36

꼬투리 좀 잡지 마!

不要挑毛病!

Búyào tiāo máobìng!

 카일의 친절한 설명

毛病 máobìng은 사람이나 사물의 '흠'이나 '문제점'을 말한답니다.

挑 tiāo는 원래 '고르다'라는 의미인데 '나쁜점을 찾아내다'라는 의미도 있어요.
그래서 挑毛病 tiāo máobìng은 '상대방이 한 말'이나 '어떤 현상'에서 안 좋은 점, 문제를 찾아내는 것을 말해요. 즉 꼬투리나 트집을 잡는 것이죠.

> 他很喜欢 挑毛病。 걔는 꼬투리(트집) 잡기를 좋아해.
> Tā hěn xǐhuan tiāo máobìng.

 중국어 대화문

▶한글해석은 158쪽 참고하세요.

(샤오리가 샤오장의 책상을 보면서 이야기한다)

Ⓐ 小张，书桌上不要乱放东西。
　 Xiǎozhāng, shūzhuōshang búyào luàn fàng dōngxi.

Ⓑ 不要挑毛病!
　 Búyào tiāo máobìng!

Ⓐ 都是为你好!
　 Dōu shì wèi nǐ hǎo!

단어및표현

★ 书桌 shūzhuō 책상
★ 书桌上 shūzhuōshang 책상 위에
★ 不要 búyào + 동사 = ~하지 마
★ 乱 luàn + 동사 = 아무렇게나(멋대로) ~를 하다
★ 放 fàng 두다, 놓다
★ 放东西 fàng dōngxi 물건을 두다
★ 挑 tiāo 나쁜 점을 찾아내다
★ 挑毛病 tiāo máobìng 꼬투리(트집)을 잡다
★ 都是 dōushì 모두 ~이다

> ex 他们都是学生。 그들은 모두 학생이야.

★ 都是为你好！Dōu shì wèi nǐ hǎo! 다 널 위한 거야!

중국어로 말해보세요! 도전~!

A 샤오장, 책상에 물건 아무렇게나 두지 마.

B 꼬투리 좀 잡지 마!

A 다 널 위한거야.

 카일의 친절한 tip!

乱 luàn이란 단어는 동사 앞에 쓰여서 '아무렇게나 혹은 제 멋대로 무엇을 하다' 라는 의미
를 나타낼 수 있어요.

别 乱说! Bié luàn shuō!   아무렇게나 말하지 마!
别 乱学习! Bié luàn xuéxí!   아무렇게나 공부하지 마!
别 乱想! Bié luàn xiǎng!   아무렇게나 생각하지 마!

day 37

냅킨 몇 장 주세요.

请给我几张餐巾纸。

Qǐng gěi wǒ jǐzhāng cānjīnzhǐ.

카일의 친절한 설명

请给我 qǐng gěi wǒ 뒤에 '필요한 물건'을 말하면 '~를 좀 주세요!' 라는 공손한 표현이 된답니다. 만약 请 qǐng을 빼면 ~를 줘! 라는 반말이 되지요. 아래 대화를 보실까요?

> 아들 : 请给我 + 零花钱。　용돈 좀 주세요.
> 엄마 : 给我 + 成绩单。　　　성적표를 줘.
> *零花钱 línghuāqián 용돈　*成绩单 chéngjìdān 성적표

餐巾纸 cānjīnzhǐ는 냅킨을 말해요. 냅킨은 餐巾纸 cānjīnzhǐ 외에 纸巾 zhǐjīn이라고도 한답니다. 几张 jǐzhāng은 불특정한 '몇 장'을 말하지요.

중국어 대화문

▶한글해석은 158쪽 참고하세요.

Ⓐ 服务员!
Fúwùyuán!

Ⓑ 您需要什么?
Nín xūyào shénme?

Ⓐ 请给我几张餐巾纸。
Qǐng gěi wǒ jǐzhāng cānjīnzhǐ.

Ⓑ 好的, 请稍等。
Hǎode, qǐng shāo děng.

단어및표현

* 服务员 fúwùyuán 종업원
* 需要 xūyào + 명사 = ~가 필요하다
* 请 qǐng + 동사 = ~해주세요(요청)
* 几张 jǐzhāng 몇 장
* 餐巾纸 cānjīnzhǐ 냅킨(주로 식당에서 쓰는 낱장의 냅킨)
* 好的 hǎode 알겠습니다(제안의 수락)
* 请稍等 qǐngshāoděng 조금만 기다리세요

* 您 nín 당신(2인칭 대명사 你의 존칭)
* 什么 shénme 무엇
* 给 gěi + 사람 + 물건 = ~에게 ~를 주다

중국어로 말해보세요! 도전~!

A 종업원!

B 뭐가 필요하세요?

A 냅킨 몇 장 주세요.

B 네, 조금만 기다리세요.

'조금만 기다리세요!'란 표현은 等一下 děngyíxià, 请稍等 qǐngshāoděng 이 두 가지를 알아두시면 좋아요. 等一下 (조금 기다려)는 친구간에도 쓸 수 있는 가장 일반적인 말이고 请稍等 (조금만 기다리세요)은 '~를 해주세요'라는 의미의 请 qǐng이 들어갔기 때문에 '존대'의 의미를 가지고 있답니다.

day 38

무료로 리필 되나요?

可以免费续杯吗?

Kěyǐ miǎnfèi xùbēi ma?

카일의 친절한 설명

续杯 xùbēi의 续 xù 는 '계속하다'라는 의미이고 杯 bēi는 '잔'이라는 의미예요. 그래서 续杯 xùbēi 는 '음료 등을 리필하다'라는 의미가 된답니다. 그럼 문장을 정리 해볼까요?

可以(~할수 있다) + 免费(무료로) + 续杯(리필) + 吗?
= 무료로 리필 할 수 있나요?

续杯 xùbēi의 续 xù의 발음은 '쑤'가 아니라 우리나라 발음 '쒸' 하고 비슷하다는 점 도 주의해주세요!

중국어 대화문

▶한글해석은 158쪽 참고하세요.

(종업원에게 빈 콜라 컵을 가리키며 묻는다)

Ⓐ **可以免费续杯吗?**
Kěyǐ miǎnfèi xùbēi ma?

Ⓑ 不好意思, 不可以。
Bùhǎoyìsi, bùkěyǐ.

Ⓐ 那怎么办?
Nà zěnmebàn?

Ⓑ 再付两块就可以续杯。
Zài fù liǎngkuài jiù kěyǐ xùbēi.

단어 및 표현

★ 可以 kěyǐ ~할 수 있다

★ 免费 miǎnfèi + 동사 = 무료로 ~하다 ex 免费学习 miǎnfèi xuéxí 무료로 공부하다

★ 续杯 xùbēi 리필하다(음료 등을)

★ 不好意思 bùhǎoyìsi 미안합니다. (사과하거나 제안 등을 거절할 때)

★ 那 nà 그러면 (=那么)　　　　　★ 怎么办? zěnmebàn 어떡하죠?

★ 再 zài + 동사 = 다시 ~하다 ex 我明天再来。 내일 다시 올께요.

★ 付 fù (돈을) 내다　　　　　　　★ 两块 liǎngkuài 2위안

★ 就 jiù 바로

 중국어로 말해보세요! 도전~!

A 무료로 리필 가능한가요?

B 죄송합니다. 안 됩니다.

A 그러면 어쩌죠?

B 2위안을 더 내시면 리필이 가능해요.

 카일의 친절한 tip!

'돈을 내다'의 '내다'라는 동사는 付 fù를 쓰시면 돼요.
付 fù + 钱 qián 돈을 내다
付 fù + 十块 shíkuài 10위안을 내다
付 fù + 很多的钱 hěnduō de qián 매우 많은 돈을 내다

day 39

빅맥 하나 단품으로 주세요.

一个巨无霸单点。
Yíge Jùwúbà dāndiǎn.

 카일의 친절한 설명

巨无霸 Jùwúbà는 원래 중국 고대 한나라 시대의 어떤 거대한 사람의 이름이었
다고 해요. 그래서 후에 '거대하다'라는 의미로 쓰이다가 지금은 맥도날드의 햄버거 '빅
맥'의 중국어 이름이 되었답니다.

单点 dāndiǎn은 '단품으로 시키다'라는 의미예요. 한국과 마찬가지로 중국 패스트
푸드점에서는 두 가지 방법으로 시킬 수 있어요.

❶ 세트로 시키려면? = 시킬 음식 + 套餐 tàocān
一个 巨无霸 + 套餐。 빅맥 세트 하나 주세요.

❷ 단품으로 시키려면? = 시킬 음식 + 单点 dāndiǎn
一个 巨无霸 + 单点。 빅맥 하나 단품으로 주세요.

 중국어 대화문

▶한글해석은 159쪽 참고하세요.

(맥도날드에서 주문을 하려고 한다)

Ⓐ 您需要什么？
Nín xūyào shénme?

Ⓑ 一个巨无霸单点。
Yíge Jùwúbà dāndiǎn.

Ⓐ 还需要什么吗？
Hái xūyào shénme ma?

Ⓑ 就这样吧。
Jiù zhèyàng ba.

단어 및 표현

- **您** nín 당신(2인칭 대명사 你의 존칭)
- **什么** shénme 무엇
- **巨无霸** Jùwúbà 빅맥
- **还** hái 또
- **什么** shénme 무엇
- **就这样吧。** Jiù zhèyàng ba. 그냥 이렇게 해주세요.

- **需要** xūyào 필요하다
- **一个** yíge 하나
- 음식 + **单点** dāndiǎn = ~단품으로 주세요
- **需要** xūyào 필요하다

선생님! 톡톡! 중국어로 말해보세요! 도전~!

A 뭐가 필요하세요? (뭐 드릴까요?)

B 빅맥 하나 단품으로 주세요.

A 또 다른 것 필요하시나요?

B 그냥 이렇게 주세요.

카일의 친절한 tip!

세트가 아닌 단품으로 시킬 때도 가끔씩 콜라나 감자튀김을 더해서 시키죠? 이 때는 '추가하다'라는 동사 **加** jiā를 함께 써주시면 문제 해결!

- **一个巨无霸单点，加一杯可乐。** 빅맥 하나에 콜라 하나 추가해서 주세요.
  * **可乐** 콜라 kělè
- **一个巨无霸单点，加一袋薯条。** 빅맥 하나에 감자튀김 하나 추가해서 주세요.
  * **袋** dài 봉지를 세는 양사 * **薯条** shǔtiáo 감자튀김

day 40

넌 항상 질질 끄는구나!

你总是拖拖拉拉!
Nǐ zǒngshì tuōtuō lālā!

 카일의 친절한 설명

总是 zǒngshì는 '항상'이란 의미예요. 즉, 변함없이 어떤 행동을 하거나 어떤 특징을 유지하고 있을 때 쓸 수 있어요.

> 妈妈 **总是** 这样说。 엄마는 항상 이렇게 이야기하셔.
> 你 **总是** 很懒。 너는 항상 게으르구나.
> * 懒 lǎn 게으르다

拖拖拉拉 tuōtuōlālā는 "질질 끌다"라는 의미예요. 즉, 어떤 일을 한 번에 못 끝내고 질질 끄는 것을 말하지요. 拖 tuō, 拉 lā 모두 무엇을 '끌다'라는 의미를 가지고 있답니다.

 중국어 대화문

▶ 한글해석은 159쪽 참고하세요.

Ⓐ 小张, 你做完作业了吗?
   Xiǎozhāng, nǐ zuòwán zuòyè le ma?

Ⓑ 我过一会儿做。
   Wǒ guò yíhuìr zuò.

Ⓐ 你总是拖拖拉拉!
   Nǐ zǒngshì tuōtuōlālā!

단어및표현

★ 做 zuò 하다   ★ 作业 zuòyè 숙제

★ 做完 zuòwán ~를 다 하다 (完은 '~를 다 하다'라는 동작의 결과를 나타냄)

> ex 你做完了吗? 너 다 했니?

★ 过一会儿 guò yíhuìr 조금 있다

> ex 我过一会儿给你打电话。 조금 있다 너한테 전화걸께.

★ 总是 zǒngshì 항상

> ex 他总是很开心。 그는 항상 즐거워해.

★ 拖拖拉拉 tuōtuōlālā 질질 끌다

> ex 我孩子总是拖拖拉拉。 우리 아이는 항상 질질 끌기만 해요.

 중국어로 말해보세요! 도전~!

A   샤오장. 너 숙제 다 했니?

B   조금 있다 할거예요.

A   넌 항상 질질 끄는구나!

본문에 나오는 过一会儿 guò yíhuìr은 '조금 있다', '조금 뒤에'란 의미예요. 그러면 같은 의미의 다른 표현은 뭐가 있을까요? 待会儿 dàihuìr과 等一下 děngyíxià도 같은 의미로 쓰실 수 있답니다.

我 过一会儿 去 ! 나 조금 뒤에 갈거야!
我 待会儿 去 ! 나 조금 뒤에 갈거야.
我 等一下 去 ! 나 조금 뒤에 갈거야.

그림을 보면서 복습해볼까요?

有问题!

꼬투리 좀 잡지 마!

不要挑毛病!
Búyào tiāo máobìng!

냅킨 몇 장 주세요.

请给我几张 餐巾纸。
Qǐng gěi wǒ jǐzhāng cānjīnzhǐ.

무료로 리필 되나요?

可以免费续杯吗?

Kěyǐ miǎnfèi xùbēi ma?

빅맥 하나 단품으로 주세요.

一个巨无霸单点。

Yíge Jùwúbà dāndiǎn.

넌 항상 질질 끄는구나!

你总是拖拖拉拉!

Nǐ zǒngshì tuōtuō lālā!

day 41

난 쟤네들이 자꾸 헷갈려

我常常分不清她们。

Wǒ chángcháng fēnbuqīng tāmen.

 카일의 친절한 설명

分清 fēnqīng은 '두 개 이상의 대상을 확실히 구분하다' 라는 의미예요. 그런데 이 중간에 不가 들어가면 '~ 를 확실히 구분할 수 없다', '~가 헷갈리다'라는 의미의 分不清 fēnbuqīng이 된답니다.

❶ 分不清 + 복수의 명사 = ~가 헷갈리다

> 我 分不清 + 他们。 나는 쟤네들이 헷갈려.
> Wǒ fēnbuqīng tāmen.

❷ 分不清 + A 和 B = A와 B가 헷갈리다

> 我 分不清 瑞典 和 瑞士。 나는 스웨덴과 스위스가 헷갈려.
> Wǒ fēnbuqīng Ruìdiǎn hé Ruìshì.
> * 瑞典 Ruìdiǎn 스웨덴   * 瑞士 Ruìshì 스위스

 중국어 대화문

▶한글해석은 159쪽 참고하세요.

(샤오리가 샤오장과 함께 걷다가 한 아이를 발견한다)

Ⓐ 她是不是丽丽？
　　Tā shìbushì Lìli?

Ⓑ 不，她是丽华。
　　Bù,　tā shì Lìhuá.

Ⓐ 啊! 我常常分不清她们。
　　À!　Wǒ chángcháng fēnbuqīng tāmen.

Ⓑ 她们长得很像!
　　Tāmen zhǎngde hěn xiàng !

단어 및 표현

★ 她 tā 그녀

★ 是不是 shìbushì ~이야, 아니야?

★ 丽丽 Lìli 리리(사람 이름)

★ 丽华 Lìhuá 리화(사람이름)

★ 啊! à 아! (감탄사)

★ 常常 chángcháng 자주, 종종 **ex** 她常常笑。 그녀는 자주 웃어.

★ 分不清 fēnbuqīng 헷갈리다, 분간하지 못하다

★ 她们 tāmen 그들(她们은 여성만 있을 때, 他们 tāmen은 남자들, 혹은 남자와 여자가 모두 있는 사람들을 말할 때도 모두 씀)

★ 长得 zhǎngde ~하게 생기다

★ 像 xiàng 비슷하다

중국어로 말해보세요! 도전~!

A 쟤 리리 아니야?

B 아니, 쟤 리화야.

A 아! 나 쟤네들이 자꾸 헷갈려.

B 쟤네들 정말 비슷하게 생겼어.

카일의 친절한 tip!

长得 zhǎngde를 쓰면 '어떻게 생기다'라는 의미를 표현할 수 있어요.

• 她 长得 很漂亮。 그녀는 예쁘게 생겼어   * 漂亮 piàoliang 예쁘다

• 他 长得 很帅。   그 사람은 잘생겼어.   * 帅 shuài 잘생기다

• 他 长得 很丑。   그 사람은 못생겼어   * 丑 chǒu 못생기다

day 42

너 왜 나 모른척해?

你为什么不理我?

Nǐ wèishénme bùlǐ wǒ?

 카일의 친절한 설명

不理 bùlǐ는 '~를 상대하지 않다, 모른척하다'의 의미예요. 특히 어떤 사람을 의도적으로 상대하지 않는 것을 말하지요. 理 lǐ 는 '~를 상대하다'는 의미인데 이렇게 不理의 형태로 더 많이 쓰인답니다.

* 不理 bùlǐ + 목적어 = ~를 모른 척하다, (일부러) ~를 상대 하지 않다

> 他完全 不理 我。 Tā wánquán bù lǐ wǒ. 걔 완전 날 모른 척 해.
> 你为什么 不理 他? Nǐ wèishénme bù lǐ tā? 너 왜 걔 모른척 해?

 중국어 대화문

▶한글해석은 159쪽 참고하세요.

Ⓐ **你为什么不理我?**
Nǐ wèishénme bùlǐ wǒ?

Ⓑ **你在说什么?**
Nǐ zài shuō shénme?

Ⓐ **你为什么没有回我的短信?**
Nǐ wèishénme méiyǒu huí wǒ de duǎnxìn?

Ⓑ **我的手机丢了。**
Wǒ de shǒujī diūle.

단어및표현

★ 为什么 wèishénme 왜?

★ 在 zài + 동사 = ～를 하고 있다 (진행형)

★ 什么 shénme 무엇

★ 的 de ～의

★ 没有 méiyǒu + 동사 = ～하지 않았다(과거의 동작을 부정)

★ 回~ 的短信 huí ~ de duǎnxìn ～의 문자에 답장을 하다

★ 물건 + 丢了 diū le = ～을 잃어버렸어 ex 我的书丢了。 내 책 잃어버렸어.

★ 不理 bùlǐ ～를 (의도적으로) 상대하지 않다

★ 说 shuō 말하다

★ 回 huí 돌려주다

★ 短信 duǎnxìn 문자

생생! 톡톡 중국어로 말해보세요! 도전~!

A   너 왜 나 모른척해?

B   너 무슨 말 하는거야?

A   너 내 문자 왜 답장 안했어?

B   나 핸드폰 잃어버렸어.

카일의 친절한 tip!

• '～에게 문자를 보내다'는 给 gěi ～ 发短信 fā duǎnxìn이라고 해요.

　　我 + 给他 + 发短信了。 나는 그에게 문자를 보냈어.

• '～의 문자에 답장을 하다'는 回 huí + ～ 的 短信 de duǎnxìn이라고 한답니다.

　　他 + 回 + 我的短信了。 그는 내 문자에 답장을 했어.

day 43

너 정말 예리하네!

你真犀利!

Nǐ zhēn xīlì!

 카일의 친절한 설명

犀 xī는 코뿔소를 의미하는 한자예요. 그래서 코뿔소를 중국어로는 犀牛 xīniú라고 하지요. 利 lì는 '날카롭다'라는 의미를 가지고 있어요.

犀利 xīlì는 이런 의미들이 서로 더해져서 '말이나 생각 등이 예리하다'라는 의미로 쓰이고 있답니다.

친구와 이야기를 할 때 뜬금없이 친구가 놀라운 통찰력을 보여줄 때 있지요? 그럴 때 친구에게 바로 써주세요!

你 真 犀利！ Nǐ zhēn xīlì! 너 정말 예리하네!

 중국어 대화문

▶한글해석은 159쪽 참고하세요.

Ⓐ 小李，你喜欢小王吧?
Xiǎolǐ,　nǐ xǐhuan xiǎowáng ba?

Ⓑ 你是怎么知道的?
Nǐ shì zěnme zhīdao de?

Ⓐ 你不敢看他的眼睛。
Nǐ bùgǎn kàn tā de yǎnjing.

Ⓑ 你真犀利!
Nǐ zhēn xīlì!

단어및표현

★ 喜欢 xǐhuan 좋아하다

★ 吧 ba ~지? (문장 끝에 와서 추측의 느낌을 더함) ex 这是你的书吧? 이거 너 책이지?

★ 是 shì ~ 的 de (이미 일어난 일의 장소, 방법, 시간등을 강조하기 위해서 쓰는 구문)

　　ex 你 是 怎么知道 的? 너 어떻게 알게된거야? (방법의 강조)

★ 不敢 bùgǎn + 동사 = 감히 ~못하다　　★ 看 kàn 보다

★ 的 de ~의　　★ 眼睛 yǎnjing 눈

★ 真 zhēn 정말　　★ 犀利 xīlì (말이나 생각 등이) 예리하다

중국어로 말해보세요! 도전~!

A　샤오리, 너 샤오왕 좋아하지?

B　너 어떻게 알았어?

A　너 감히 걔 눈을 못 보더라.

B　너 정말 예리하네!

不敢 bùgǎn 은 동사 앞에 쓰여서 '감히 ~를 못하다'라는 의미로 쓰인답니다.

・不敢 + 吃 chī = 감히 못 먹겠어

・不敢 + 学习 xuéxí = 감히 공부 못하겠어

・不敢 + 交往 jiāowǎng = 감히 못 사귀겠어

* 交往 jiāowǎng 남녀간에 사귀다

 카일의 친절한 설명

夸 kuā는 누구누구를 칭찬하다! 라는 의미를 가진 동사예요. 夸 kuā 다음에 바로 목적어를 쓰시면 된답니다.

> 老板 lǎobǎn + 夸 我了。 사장님이 나를 칭찬했어요.

또한 목적어 뒤에 '칭찬하는 내용'을 더 쓰실 수도 있어요!

> 老板 + 夸 我 + 很聪明。 사장님이 + 날 칭찬했어요 + 똑똑하다고
> * 聪明 cōngming 똑똑하다

 중국어 대화문

▶한글해석은 159쪽 참고하세요.

Ⓐ **今天老师夸我了!**
Jīntiān lǎoshī kuā wǒ le!

Ⓑ 是吗？ 你到底做了什么？
Shì ma?　　Nǐ dàodǐ zuò le shénme?

Ⓐ 我今天没有迟到。
Wǒ jīntiān méiyǒu chídào.

단어 및 표현

* 今天 jīntiān 오늘
* 夸 kuā + 사람 = ~를 칭찬하다
* 到底 dàodǐ 도대체
* 什么 shénme 무엇
* 没有 méiyǒu + 동사 = ~하지 않았다(과거의 동작을 부정)
  ex 我没有吃饭。 나 밥 안 먹었어.
* 迟到 chídào 지각하다

* 老师 lǎoshī 선생님
* 是吗? shì ma 그래?
* 做 zuò ~를 하다

중국어로 말해보세요! 도전~!

A 오늘 선생님이 나 칭찬하셨어!

B 그래? 너 도대체 뭘 했는데?

A 오늘은 지각 안 했거든.

카일의 친절한 tip!

到底 dàodǐ는 '도대체' 란 의미입니다. 어떤 일에 대해 매우 답답하거나 궁금할 때 쓸 수 있는 표현이예요. 예문을 같이 보실까요?

你 到底 在说什么? 너 도대체 뭐라고 하는거야?
Nǐ dàodǐ zài shuō shénme?

你 到底 什么时候来? 너 도대체 언제 와?
Nǐ dàodǐ shénme shíhou lái?

day 45

허풍 떨지 마!

別说大话!

Bié shuō dàhuà!

 카일의 친절한 설명

大话 dàhuà는 '없는 일이나 작은 일을 크게 부풀려서 하는 말'을 의미해요. 한마디로 '허풍'을 말하지요. 여기에 '~를 말하지 마'란 의미의 '别说 bié shuō'를 결합하면 別说大话! bié shuō dàhuà! (허풍 떨지마!)가 된답니다.

이것을 더 간결하게 말 하시려면 大话! dàhuà! (허풍!)라고만 크게 말하셔도 돼요.

 중국어 대화문

▶한글해석은 159쪽 참고하세요.

Ⓐ 我会说五种语言!
  Wǒ huì shuō wǔzhǒng yǔyán!

Ⓑ 别说大话! 都是问候语吧?
  Bié shuō dàhuà! Dōu shì wènhòuyǔ ba?

Ⓐ 被你看穿了!
  Bèi nǐ kànchuān le!

단어및표현

★ 会 huì + 동사 = (배워서) ~를 할 수 있다

　ex 我会开车。 Wǒ huì kāichē. 나는 운전할 수 있어.

★ 五 wǔ 다섯　　　　　　　　★ 种 zhǒng 종류

★ 语言 yǔyán 언어　　　　　　★ 大话 dàhuà 허풍

★ 别说大话! Bié shuō dàhuà 허풍 떨지 마!　★ 都是 dōu shì 모두 ~이다

★ 问候语 wènhòuyǔ 인사말　　　★ 被 bèi ~당하다 (피동문을 만들어주는 개사)

★ 看穿 kànchuān 꿰뚫어보다. 간파하다

★ 被你看穿了! Bèi nǐ kànchuān le! 들켰네! (너한테 간파당했네!)

 중국어로 말해보세요! 도전~!

A 나 5개 국어 할 수 있다!

B 허풍 떨지마! 다 인사말이지?

A 들켰네!

'被你看穿了'와 같이 被 bèi가 나오는 구문은 '피동문'이라고 해요. 이 구문은 '주어가 누구 누구에게 ~를 당하다'라는 의미를 가지고 있어요. 이 때 문맥상 주어가 누군지 알 수 있을 때 는 본문과 같이 주어를 생략해주기도 한답니다.

〈A + 被 + B + 동사 = A 가 B에게 동사를 당하다〉

我 + 被 + 你 + 看穿了! 　너한테 들켰네!

我 + 被 + 他 + 骂了。 　　나 걔한테 욕먹었어.　* 骂 mà 욕하다

그림을 보면서
복습해볼까요?

난 걔네들이 자꾸 헷갈려

我常常分不清他们。

Wǒ chángcháng fēnbuqīng tāmen.

너 왜 나 모른척해?

你为什么不理我?

Nǐ wèishénme bùlǐ wǒ?

너 정말 예리하네!

你真犀利!

Nǐ zhēn xīlì!

오늘 선생님께서 나 칭찬하셨어!

今天老师夸
我了!

Jīntiān lǎoshī kuā wǒ le!

허풍 떨지 마!

别说大话!

Bié shuō dàhuà!

day 46

선생님은 너만 편애해!

老师偏向你!

Lǎoshī piānxiàng nǐ!

카일의 친절한 설명

偏向 piānxiàng은 '~쪽으로 치우치다'는 의미를 가지고 있어요. 이 의미에서 출발해서 어떤 사람을 과하다 싶을 정도로 두둔하거나 편애하는 것도 偏向 piānxiàng이라고 한답니다. 아래 예문을 함께 보실까요?

爸爸 **偏向** 哥哥!
Bàba piānxiàng gēge!
아빠가 형만 편애해!

老师 **偏向** 班长!
Lǎoshī piānxiàng bānzhǎng!
선생님이 반장만 편애해!

중국어 대화문

▶한글해석은 159쪽 참고하세요.

Ⓐ 小倩, 这支笔是哪儿来的?
Xiǎoqiàn, zhè zhī bǐ shì nǎr lái de?

Ⓑ 这是老师给我的。
Zhè shì lǎoshī gěi wǒ de.

Ⓐ 老师偏向你!
Lǎoshī piānxiàng nǐ!

단어및표현

★ 支 zhī 자루(연필, 펜 등 길쭉한 물건을 세는 양사) ★ 笔 bǐ 필기도구(펜, 연필 등)

★ 哪儿 nǎr 어디 ★ 来 lái 오다

★ 是 shì ~ 的 de? (이미 일어난 일의 장소, 방법, 시간 등을 강조하기 위해서 쓰는 구문)

　ex 这是哪儿来的? Zhè shì nǎr lái de? 이것은 어디서 난거야? (장소 강조)

★ 老师 lǎoshī 선생님 ★ 给 gěi 주다

★ 我 wǒ 나 ★ 偏向 piānxiàng + 사람 = ~를 편애하다

 중국어로 말해보세요! 도전~!

A　샤오치엔, 이 펜 어디서 났어?

B　이건 선생님이 나한테 주신거야.

A　선생님은 너만 편애해!

우리말로 '이거 어디서 났어?'라는 말은 중국어로는 这是哪儿来的? Zhè shì nǎr lái de? 즉, '이거 어디서 온 거야?'라고 한답니다.

　　　A: 这是 哪儿来的? 이건 어디서 난거야?
　　　　 Zhè shì nǎr lái de?

　　　B: 这是你给我的! 이건 너가 나한테 준거잖아!
　　　　 Zhè shì nǐ gěi wǒ de!

day 47

너 뭘 믿고 이래?

你凭什么这样做?

Nǐ píng shénme zhèyàng zuò?

 카일의 친절한 설명

凭 píng은 '~에 의지하다', '~에 근거하다'라는 의미를 가져요.
그래서 凭什么 píng shénme라고 말을 하면 '뭘 믿고', '무슨 근거로?'라는 의미가 된
답니다.

> 你 凭什么 这样做?   너 뭘 믿고 이래? (무슨 근거로 이래?)
> Nǐ píng shénme zhèyàng zuò?

이 표현은 어떤 사람이 조금 어이없는 행동을 하거나 불합리한 행동을 했을 때 반발
하며 쓸 수 있는 표현이랍니다.

 중국어 대화문

▶한글해석은 159쪽 참고하세요.

(회의시간에 김대리가 급히 들어온다)

Ⓐ 金代理， 你又迟到了！
　 Jīn dàilǐ,　 nǐ yòu chídào le!

Ⓑ 对不起！路上堵车。
　 Duìbuqǐ!　 Lùshang dǔchē.

Ⓐ 你天天迟到！你凭什么这样做?
　 Nǐ tiāntiān chídào!　 Nǐ píng shénme zhèyàng zuò?

단어 및 표현

- ★ 金代理 Jīn dàilǐ 김대리
- ★ 迟到 chídào 지각하다
- ★ 堵车 dǔchē 차가 막히다
- ★ 凭什么 píng shénme 뭘 믿고
- ★ 做 zuò 하다
- ★ 路上 lùshang 오는 길에, 가는 길에
  - ex 路上小心！lùshang xiǎoxīn! 오는 길(가는 길)에 조심해!

- ★ 又 yòu 또
- ★ 对不起 duìbuqǐ 미안합니다, 죄송합니다
- ★ 天天 tiāntiān 매일
- ★ 这样 zhèyàng 이렇게

중국어로 말해보세요! 도전~!

A 김대리, 또 지각했구만!

B 죄송해요. 차가 막혀서요.

A 자넨 매일 지각만 하는구만! 자네 뭘 믿고 이러지?

미안한 감정을 표시할 때 '미안합니다'라는 의미로 쓸 수 있는 중국어 표현은 크게 不好意思, 对不起, 真抱歉 이렇게 세 가지로 나눌 수 있어요. 하지만 이 세 가지 표현은 느낌이 조금씩 다르답니다.
不好意思 bùhǎoyìsi 는 상대방의 발을 밟거나 툭 건드렸을 때도 쓸 수 있는 가벼운 표현이예요. 하지만 미안한 감정을 좀 더 깊이 표현하고 싶을 때는 对不起 duìbuqǐ를, 이보다 더 미안할 때는 真抱歉 zhēn bàoqiàn을 쓰시는것이 좋답니다.

day
48

너 무슨 수작하고 있는 거야?

你在搞什么鬼?
Nǐ zài gǎo shénme guǐ?

카일의 친절한 설명

搞鬼 gǎoguǐ는 '남 몰래 어떤 수작을 부리거나 꿍꿍이를 획책하는 것'을 말해요.
搞 gǎo는 '하다'라는 동사이고 鬼 guǐ 는 '귀신'이라는 뜻이지요.

在 zài는 동사 앞에 붙여서 '동작의 진행'을 나타낼 수 있답니다.

> 我 在 吃饭。   나는 밥을 먹고 있어.
> Wǒ zài chīfàn
>
> 她 在 笑。   그녀는 웃고 있어.
> Tā zài xiào
>
> 你(너) + 在(진행) + 搞什么鬼? (무슨 수작을 하다)
> = 너 무슨 수작하고 있는 거야?

중국어 대화문

▶한글해석은 159쪽 참고하세요.

Ⓐ 你闭上眼睛。
Nǐ bìshang yǎnjing.

Ⓑ 你在搞什么鬼?
Nǐ zài gǎo shénme guǐ?

Ⓐ 我有东西给你看。
Wǒ yǒu dōngxi gěi nǐ kàn.

단어 및 표현

* ★ 闭上 bìshang 닫다
  * ex 闭上眼睛 bìshang yǎnjing 눈을 감다
  * ex 闭上嘴 bìshang zuǐ 입을 닫다
* ★ 眼睛 yǎnjing 눈
* ★ 有 yǒu 있다
* ★ 看 kàn 보다
* ★ 搞鬼 gǎoguǐ 수작을 부리다
* ★ 东西 dōngxi 물건
* ★ 你在搞什么鬼? Nǐ zài gǎo shénme guǐ? 너 무슨 수작하고 있는 거야?
* ★ 给 gěi + 사람 + 看 kàn = ~에게 보여주다
  * ex 我给你看这个。 나 너한테 이거 보여줄게.

중국어로 말해보세요! 도전~!

A 너 눈 좀 감아봐.

B 무슨 수작하고 있는 거야?

A 나 너한테 보여 줄 물건 있어.

闭上 bìshang의 上은 '접착'을 나타내는 결과보어예요. 즉, 그 동작의 결과로 인해 사물이 접착됨을 나타내지요. 이 결과보어 上이 들어가는 다른 단어들을 보실까요?

* 闭上 bìshang + 眼睛 yǎnjing = 눈을 감다 (눈꺼풀이 서로 접착)
* 关上 guānshang + 门 mén = 문을 닫다 (문이 문지방에 접착)
* 穿上 chuānshang + 衣服 yīfu = 옷을 입다 (옷이 몸에 접착)

day 49

핸드폰 좀 꺼주세요.

请关闭手机。

Qǐng guānbì shǒujī.

 카일의 친절한 설명

请 qǐng는 동사 앞에 붙여서 '~를 해주세요!' 라는 의미를 나타낸답니다.

请 qǐng + 吃饭 chīfàn。　　식사하세요.
请 qǐng + 喝咖啡 hē kāfēi。　커피 드세요.

关闭 guānbì는 '(전자제품 등을) 끄다' 라는 의미를 가지고 있어요. 그래서 手机 shǒujī (핸드폰), 电脑 diànnǎo (컴퓨터) 앞에 모두 쓸 수 있답니다.

关闭手机 guānbì shǒujī　　핸드폰을 끄다
关闭电脑 guānbì diànnǎo　　컴퓨터를 끄다

 중국어 대화문

▶한글해석은 159쪽 참고하세요.

(영화관에서)

Ⓐ 你怎么了？怎么不看电影？
Nǐ zěnme le?　　Zěnme búkàn diànyǐng?

Ⓑ 那个人的手机太亮了。
Nàgerén de shǒujī tài liàng le.

Ⓐ 你早说嘛。(옆 사람에게 말을 건다)
Nǐ zǎo shuō ma.

Ⓐ 先生，请关闭手机。
Xiānsheng, qǐng guānbì shǒujī.

단어및표현

★ 你怎么了? Nǐ zěnme le 너 왜그래?, 너 무슨일이야?

★ 怎么 zěnme 왜 ~해? (원인을 물음) **ex** 他怎么没来? 걔는 왜 안 왔어?

★ 看 kàn 보다 　　　　　　　　★ 电影 diànyǐng 영화

★ 那个人 nà ge rén 저 사람, 그 사람 　★ 手机 shǒujī 핸드폰

★ 太~ 了 tài ~ le 너무 ~하다 　　★ 亮 liàng 밝다

★ 你早说嘛。 Nǐ zǎo shuō ma 좀 일찍 말하지 그랬어.

★ 先生 xiānsheng 선생님, ~씨 (성인 남성에 대한 경칭, 모르는 남자에게 말을 걸 때도 쓰임)

★ 请 qǐng + 동사 = ~해주세요 　　★ 关闭 guānbì 끄다(전자제품 등)

★ 手机 shǒujī 핸드폰

 중국어로 말해보세요! 도전~!

A　너 왜그래? 왜 영화 안 봐?

B　저 사람 핸드폰이 너무 밝아.

A　좀 일찍 말하지 그랬어. (옆 사람에게 말을 건다)

A　저기요. 핸드폰 좀 꺼주세요.

你早说嘛。 Nǐ zǎo shuō ma. (너 일찍 좀 말하지 그랬어)'에서와 같이 문장 끝에 붙는 嘛 ma 는 문장에 '바람'이나 '만류'의 의미를 더해준답니다.

· 你快说 + 嘛。 Nǐ kuài shuō ma. 빨리 말해봐. (바람)
· 你慢点儿讲 + 嘛。 Nǐ màndiǎnr jiǎng ma. 조금 천천히 말해줘. (바람)
· 别这样 + 嘛。 Bié zhèyàng ma. 이러지 마. (만류)

day 50

솔직히 말하면 말이야

坦白地说……

Tǎnbái de shuō ……

 카일의 친절한 설명

坦白地说 tǎnbái de shuō는 '어떤 사실을 숨기지 않고 다 털어놓고 말하면~'이라는 의미를 가지고 있어요.

> **坦白地说，我喜欢你。**
> Tǎnbái de shuō, wǒ xǐhuan nǐ.
> 솔직히 말하면, 난 널 좋아해.

> **坦白地说，我旷课了。**
> Tǎnbái de shuō, wǒ kuàngkè le.
> 솔직히 말하면, 나 수업 빼먹었어.

*旷课 kuàngkè 수업을 빼먹다, 결석하다

 중국어 대화문

▶한글해석은 159쪽 참고하세요.

Ⓐ **小李，我的雨伞呢?**
　 Xiǎolǐ, wǒ de yǔsǎn ne?

Ⓑ **坦白地说，我弄丢了。**
　 Tǎnbái de shuō, wǒ nòng diū le.

Ⓐ **我死定了! 那是我妹妹的。**
　 Wǒ sǐdìng le! Nà shì wǒ mèimei de.

단어 및 표현

* 我 wǒ 나
* 雨伞 yǔsǎn 우산
* 명사 + 呢 ne? = ~는? (어디 있는지 물을 때)
  - ex 我的钱呢? Wǒ de qián ne? 내 돈은?
  - ex 我的包呢? Wǒ de bāo ne? 내 가방은?
* 坦白地说 tǎnbái de shuō 솔직히 말해서
* 我死定了! Wǒ sǐdìng le! 나 죽었다!
* 是 shì ~이다
* 妹妹的 mèimei de 여동생의 것

* 的 de ~의 (소유의 의미)

* 弄丢了! Nòngdiū le! 잃어버렸어!
* 那 nà 그, 그것
* 妹妹 mèimei 여동생

 중국어로 말해보세요! 도전~!

A 샤오리 내 우산은?

B 솔직히 말해서 나 잃어버렸어.

A 나 죽었다! 그거 내 여동생건데.

카일의 친절한 tip!

我死定了。 Wǒ sǐdìng le. (나 죽었다!)와 같이 동사 뒤에 定了 dìng le를 넣으시면 '~로 정해졌어', '~하기로 (확실히) 결정했어' 라는 의미가 된답니다.

* 这个电影我 看定了！ 이 영화 나 꼭 볼거야. (보기로 결정했어)
  Zhège diànyǐng wǒ kàndìng le

* 这个我 买定了！ 이거 나 꼭 살거야. (사기로 결정했어)
  Zhège wǒ mǎi dìng le

그림을 보면서 복습해볼까요?

선생님은 너만 편애해!

老师偏向你!

Lǎoshī piānxiàng nǐ!

너 뭘 믿고 이래?

你凭什么这样做?

Nǐ píng shénme zhèyàng zuò?

너 무슨 수작하고 있는 거야?

你在搞什么鬼?

Nǐ zài gǎo shénme guǐ?

핸드폰 좀 꺼주세요.

请关闭手机。

Qǐng guānbì shǒujī.

솔직히 말하면 말이야

坦白地说……

Tǎnbái de shuō ……

중국의 심장 | **북경** (北京)

천안문 (天安门 Tiān'ānmén)

이 곳은 북경의 대표적 건물인 천안문이예요. 천안문 앞에는 이렇게 공안

아저씨가 차렷하고 있답니다. 조금 멀리서 사진을 찍는 것은 괜찮지만 굳

이 다가가서 '니하오'라고 하면서 길을 물어보거나 같이 사진을 찍자고 하

면 조금 난감해하겠죠?^^

천안문 (故宮 Gùgōng)

자금성은 명청(明淸)시기의 황궁으로 중국어로는 꾸공(故宮 Gùgōng)이라고 불러요. 들어가는 순간 그 규모에 '헉'하는 소리가 절로 나지요. 여기는 너무 넓어서 단시간에 '휙'하고 보는 것은 힘드니 도시락 하나 싸서 시간을 여유롭게 잡고 둘러보시는 것을 추천드려요!

중국의 심장 l **북경** (北京)

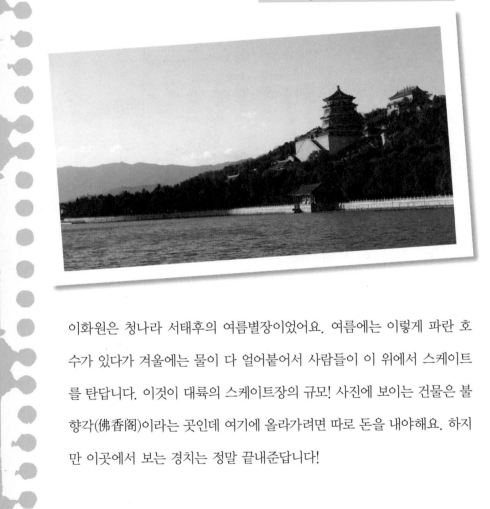

이화원 (颐和园 Yíhéyuán)

이화원은 청나라 서태후의 여름별장이었어요. 여름에는 이렇게 파란 호수가 있다가 겨울에는 물이 다 얼어붙어서 사람들이 이 위에서 스케이트를 탄답니다. 이것이 대륙의 스케이트장의 규모! 사진에 보이는 건물은 불향각(佛香阁)이라는 곳인데 여기에 올라가려면 따로 돈을 내야해요. 하지만 이곳에서 보는 경치는 정말 끝내준답니다!

이화원 (颐和园 Yíhéyuán)

카일은 어느 날 이화원에 갔다가 이렇게 청나라 궁녀 복장을 한 아가씨들을 보았답니다. '앗! 이건 뭐지?'라고 생각하고 계속 보고 있었는데 나중에 알고보니 이 날 여기서 영화를 찍고 있었다고 하네요. 궁녀들의 복장이 참 예쁘죠? 듣자하니 머리 위에 올리는 저 장식물이 실제로는 상당히 무거웠다고 하네요.

중국의 심장 l **북경** (北京)

북해공원 (北海公园 Běihǎi gōngyuán)

여기는 북해공원이예요. 북해공원은 큰 호수가 끝없이 펼쳐진 베이징의 푸른 보석과 같은 곳이지요. 오전에 이곳을 걷다보면 북경 주민들 몇몇이 즐겁게 노래를 부르거나 춤을 추거나 혹은 새장을 들고 다니는 광경을 보실 수 있어요. 그럴 때는 용기를 내서서 '당신 노래 참 잘 부르네요' 혹은 '이 새 이름이 뭐예요?'라고 말을 걸어보세요. 북경 토박이 원주민들은 대부분 참 친절하고 따뜻하답니다.

천단공원 (天坛公园 Tiāntán gōngyuán)

천단공원은 중국의 황제가 하늘에 풍년을 기원하는 제사를 지내던 곳이
예요. 사진에 보이는 건물은 '기년전'이라고 하는데 이 건물이 아시다시
피 천단공원에서 가장 유명한 건물이랍니다. 제가 간 날은 운 좋게 여기
서 한 쌍의 예비 부부가 웨딩촬영을 하고 있었어요. 붉은 드레스가 배경
과 참 잘 어울리죠? 중국에서는 이렇게 유명한 문화 유적지나 공원에서
웨딩촬영을 하는 예비부부들이 많답니다.

천년의 고도 I 서안 (西安)

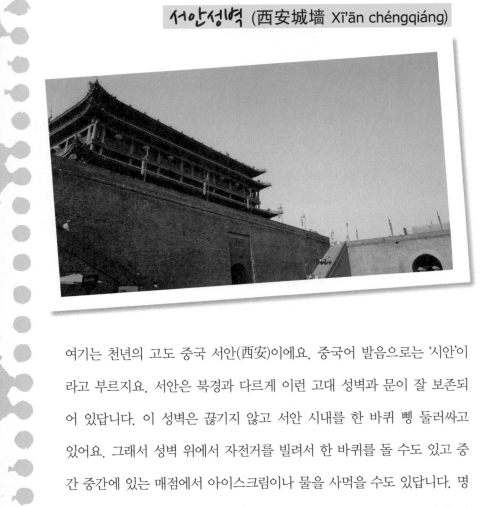

서안성벽 (西安城墙 Xī'ān chéngqiáng)

여기는 천년의 고도 중국 서안(西安)이에요. 중국어 발음으로는 '시안'이라고 부르지요. 서안은 북경과 다르게 이런 고대 성벽과 문이 잘 보존되어 있답니다. 이 성벽은 끊기지 않고 서안 시내를 한 바퀴 삥 둘러싸고 있어요. 그래서 성벽 위에서 자전거를 빌려서 한 바퀴를 돌 수도 있고 중간 중간에 있는 매점에서 아이스크림이나 물을 사먹을 수도 있답니다. 명나라 시대의 성벽 위에서 자전거를 타고 신나게 달리는 기분! 생각만 해도 짜릿하죠?

대당부용원 (大唐芙蓉园 Dàtángfúróngyuán)

서안의 대당부용원은 당나라 시대의 정원과 건축물들을 재현해놓은 일

종의 문화 테마파크예요. 이 곳은 건물 규모와 부지가 정말 엄청나게 크

고 재현이 잘 되어 있어서 돌아다니다보면 '정말 내가 당나라 시대에 있

나?' 라는 착각이 들 정도예요. 카일은 이 곳 입구에서 예쁘게 치장하고

도도하게 포즈를 잡고 있는 낙타 한 마리를 보았답니다. 이 낙타! 알고보

니 한번 타고 찍는데 10원이었다는!

천년의 고도 ┃ 서안 (西安)

병마용갱 (兵马俑坑 Bīngmǎyǒngkēng)

서안(西安)하면 첫 번째 떠오르는 것이 바로 이 병마용(兵马俑)이겠죠?

카일도 이 때 병마용을 처음 봤는데 하나하나의 병사가 정말 크고 사람

모습과 똑같아서 깜짝 놀랐답니다. 관광객들이 둘러 싸고 보고 있는 중에

도 갱(坑) 밑의 한쪽 편에서는 푸른 옷을 입은 많은 고고학자들이 발굴된

조각들을 맞추고 있었어요. '아! 이런 노력들이 있어서 지금 우리가 이런

문화유산을 볼 수 있구나'라는 생각이 문득 들었답니다.

대안탑 (大雁塔 Dàyàntǎ)

길이 사방으로 쭉쭉 뻗은 서안(西安) 시내의 전경을 한눈에 볼 수 있는 곳! 이곳은 어디일까요? 바로 대안탑(大雁塔) 맨 윗층이랍니다. 대안탑은 당나라때 현장법사가 인도에서 가져온 불경을 보존하기 위해서 지은 탑 이라고 해요. 카일이 이 곳에 도착했을 때는 문 닫는 시간이 얼마 안 남아 서 이 높은 곳을 1분 만에 기를 쓰고 헉헉대며 올라갔는데 뒤를 보니 저 와 비슷한 상황의 한 분이 또 헉헉대면서 따라오고 있었어요. 그래서 서 로의 얼굴을 보면서 한바탕 웃었지요.

천년의 고도 ㅣ **서안** (西安)

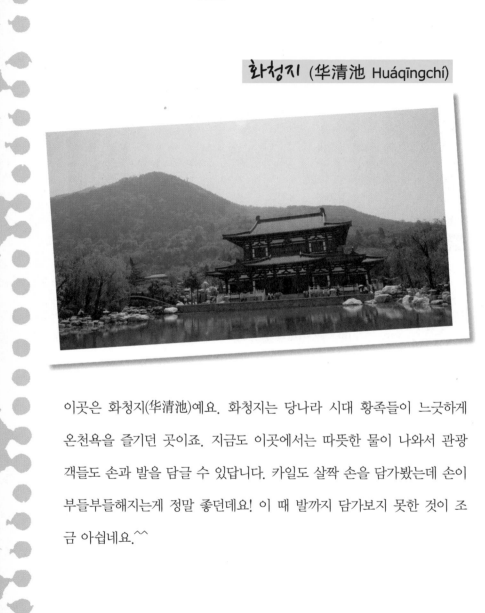

화청지 (华清池 Huáqīngchí)

이곳은 화청지(华清池)예요. 화청지는 당나라 시대 황족들이 느긋하게 온천욕을 즐기던 곳이죠. 지금도 이곳에서는 따뜻한 물이 나와서 관광객들도 손과 발을 담글 수 있답니다. 카일도 살짝 손을 담가봤는데 손이 부들부들해지는게 정말 좋던데요! 이 때 발까지 담가보지 못한 것이 조금 아쉽네요.^^

대당부용원 (大唐芙蓉园 Dàtángfúróngyuán)

당나라의 수도였던 서안(西安)을 걷다보면 곳곳에서 이렇게 당현종과 양 귀비의 이야기를 접할 수 있답니다. 당현종은 양귀비가 죽은 후 너무나 그리워서 주술로 혼을 불러내서 만나고자 하는 시도도 많이 했다고 해요. 비록 비극적으로 끝나긴 했지만 진정으로 사랑했던 이 두 사람의 이야기 는 고도(古都) 서안의 곳곳에 스며들어 있답니다.

중국 경제의 허브ㅣ상해 (上海)

남경로 (南京路 Nánjīnglù)

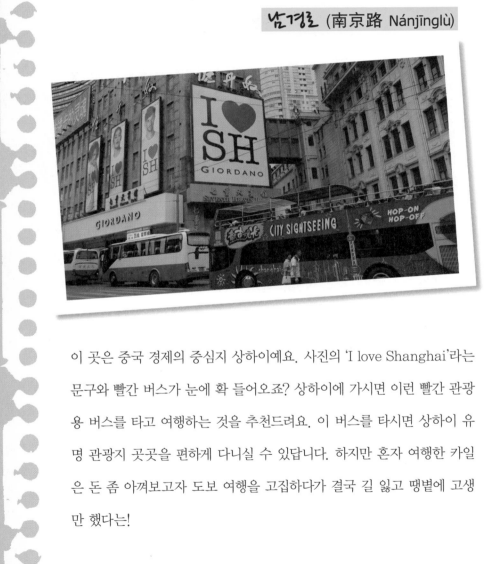

이 곳은 중국 경제의 중심지 상하이예요. 사진의 'I love Shanghai'라는 문구와 빨간 버스가 눈에 확 들어오죠? 상하이에 가시면 이런 빨간 관광용 버스를 타고 여행하는 것을 추천드려요. 이 버스를 타시면 상하이 유명 관광지 곳곳을 편하게 다니실 수 있답니다. 하지만 혼자 여행한 카일은 돈 좀 아껴보고자 도보 여행을 고집하다가 결국 길 잃고 땡볕에 고생만 했다는!

남경로 (南京路 Nánjīnglù)

상해 남경로에서 만난 전통 복장을 입은 귀여운 아기! 무엇이 좋은지 저렇게 만세를 부르고 있네요. 중국 사극에서 자주 듣던 '만세 만세 만만세! (万岁万岁万万岁)'를 외치고 있는 걸까요? 상하이 거리에서는 저렇게 전통 복장을 입고 있는 작은 황비홍(黄飞鸿) 아기들을 종종 보실 수 있어요.

중국 경제의 허브 | 상해 (上海)

상해역 (上海站 Shànghǎizhàn)

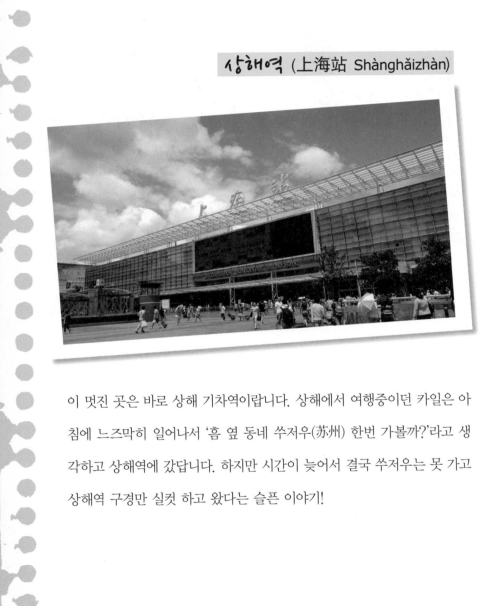

이 멋진 곳은 바로 상해 기차역이랍니다. 상해에서 여행중이던 카일은 아침에 느즈막히 일어나서 '흠 옆 동네 쑤저우(苏州) 한번 가볼까?'라고 생각하고 상해역에 갔답니다. 하지만 시간이 늦어서 결국 쑤저우는 못 가고 상해역 구경만 실컷 하고 왔다는 슬픈 이야기!

치바오 마을 (七宝古镇 Qībǎo gǔzhèn)

상해의 숨겨진 보석과 같은 마을 치바오(七宝)예요. 전날 물로 유명한 도
시 쑤저우(苏州)를 못 갔기 때문에 비슷한 곳을 검색하다가 우연히 찾은
마을이랍니다. 이 마을 가운데로 운하가 유유히 흐르기 때문에 전체적
인 분위기가 쑤저우와 상당히 비슷해요. 또한 어둠이 깔리면 이곳을 점점
이 수놓는 붉은 홍등은 이곳을 물 위의 붉은 보석으로 만들어준답니다.

중국 경제의 허브 | 상해 (上海)

와이탄 (外滩 Wàitān)

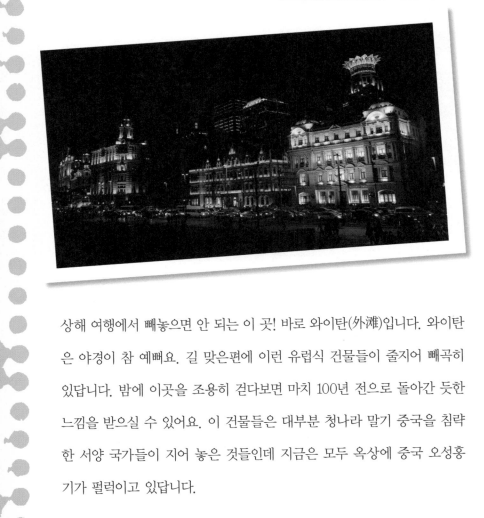

상해 여행에서 빼놓으면 안 되는 이 곳! 바로 와이탄(外滩)입니다. 와이탄
은 야경이 참 예뻐요. 길 맞은편에 이런 유럽식 건물들이 줄지어 빼곡히
있답니다. 밤에 이곳을 조용히 걷다보면 마치 100년 전으로 돌아간 듯한
느낌을 받으실 수 있어요. 이 건물들은 대부분 청나라 말기 중국을 침략
한 서양 국가들이 지어 놓은 것들인데 지금은 모두 옥상에 중국 오성홍
기가 펄럭이고 있답니다.

푸동지구 (浦东新区 Pǔdōngxīnqū)

와이탄에서 바라본 상하이의 푸동지구(浦东新区)입니다. 저기 왼쪽 앞에 보이는 제일 큰 타워가 바로 푸동지구의 상징인 동방명주(东方明珠)예요. 동방명주는 아시아 최고 높이의 방송수신탑이랍니다. 또한 저 위에는 상해의 야경을 한 눈에 감상할 수 있는 전망대도 있어요. 와이탄에 서서 멀리 바라다보는 푸동지구의 풍경도 꽤 멋있지만 시간이 되시면 직접 강을 건너가셔서 푸동지구 안을 천천히 걸어보시는 것도 정말 좋은 추억이 되실거예요.

구름의 남쪽 | 운남 (云南)

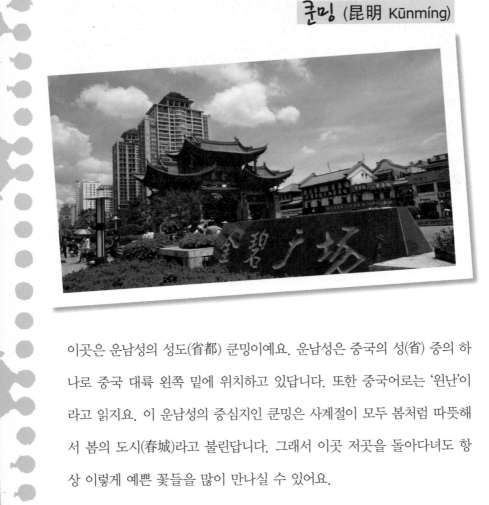

쿤밍 (昆明 Kūnmíng)

이곳은 운남성의 성도(省都) 쿤밍이예요. 운남성은 중국의 성(省) 중의 하나로 중국 대륙 왼쪽 밑에 위치하고 있답니다. 또한 중국어로는 '윈난'이라고 읽지요. 이 운남성의 중심지인 쿤밍은 사계절이 모두 봄처럼 따뜻해서 봄의 도시(春城)라고 불린답니다. 그래서 이곳 저곳을 돌아다녀도 항상 이렇게 예쁜 꽃들을 많이 만나실 수 있어요.

따리고성 (大理古城 Dàlǐ gǔchéng)

쿤밍에서 장거리 버스로 4시간 정도 올라가시면 중국 소수민족 중의 하나인 바이족(白族)의 도시 따리(大理)에 가실 수 있어요. 따리에서 꼭 가보셔야 할 곳이 바로 따리고성(大理古城)인데 이 고성에는 이렇게 소수민족 복장을 입고 사진을 함께 찍어주시는 분들이 많아요. 한분 당 10원 정도 돈을 받으시는데 한 분과 함께 찍고 싶다고 이야기 하면 다른 복장을 하신 분들도 어디선가 한꺼번에 나타나셔서 나도! 나도! 라고 하신답니다. 그래서 카일은 결국 세 명과 함께 찍었다는!

구름의 남쪽 | 운남 (云南)

따리고성 (大理古城 Dàlǐ gǔchéng)

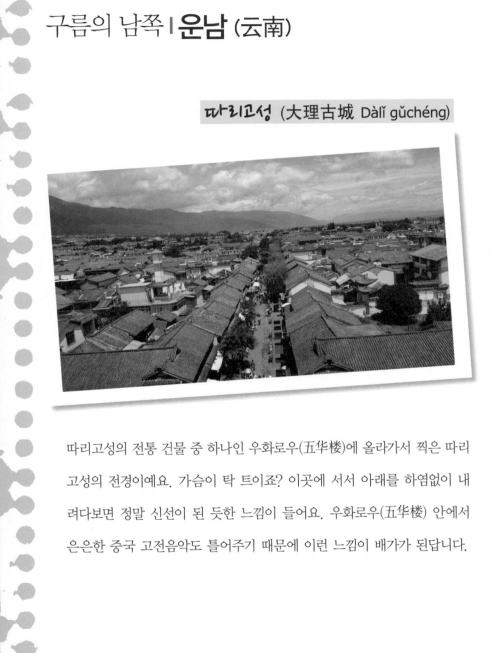

따리고성의 전통 건물 중 하나인 우화로우(五华楼)에 올라가서 찍은 따리 고성의 전경이예요. 가슴이 탁 트이죠? 이곳에 서서 아래를 하염없이 내려다보면 정말 신선이 된 듯한 느낌이 들어요. 우화로우(五华楼) 안에서 은은한 중국 고전음악도 틀어주기 때문에 이런 느낌이 배가가 된답니다.

따리삼탑 (大理三塔 Dàlǐ sāntǎ)

유명한 따리의 숭성사삼탑(崇圣寺三塔)이예요. 지금은 짧게 '따리삼탑
(大理三塔)'이라고 부르지요. 이 탑들은 당나라시절에 이 곳에 있던 나라
인 남조(南诏)와 그 다음 나라인 대리국(大理国)에 의해서 순차적으로 만
들어졌다고 해요. 사진으로 보면 조금 작아보이지만 가까이서 보면 규모
가 정말 엄청나게 커서 '헉' 소리가 절로 난답니다.

구름의 남쪽 | 운남 (云南)

속하고진 (束河古镇 Shùhégǔzhèn)

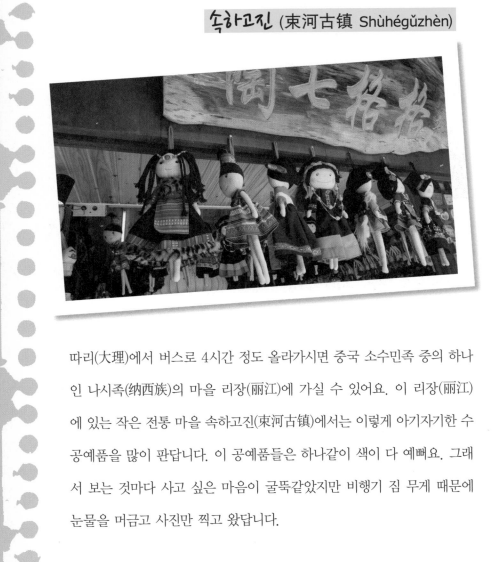

따리(大理)에서 버스로 4시간 정도 올라가시면 중국 소수민족 중의 하나인 나시족(纳西族)의 마을 리장(丽江)에 가실 수 있어요. 이 리장(丽江)에 있는 작은 전통 마을 속하고진(束河古镇)에서는 이렇게 아기자기한 수공예품을 많이 판답니다. 이 공예품들은 하나같이 색이 다 예뻐요. 그래서 보는 것마다 사고 싶은 마음이 굴뚝같았지만 비행기 짐 무게 때문에 눈물을 머금고 사진만 찍고 왔답니다.

송찬림사 (松赞林寺 Sōngzànlínsì)

리장에서 장거리 버스를 타고 또 한참 올라가시면 장족(藏族)의 거주지 샹그리라(香格里拉)에 가실 수 있어요. 윗 사진의 건물은 이곳에서 새로 알게 된 장족 친구와 함께 간 송찬림사랍니다. 하늘이 참 파랗죠? 제가 태어나서 이렇게 파란 하늘과 이렇게 흰 구름은 처음 본 것 같아요. 그 장족 친구는 이곳에 한 달에 한 번씩 꼭 와서 가족의 건강을 위해서 기도를 드린다고 해요. 카일도 조용히 그 친구를 따라다니면서 그 친구와 가족을 위해서 마음 속으로 기도해주었답니다.

day 1

Ⓐ 좀 더 먹어! 너 하루 종일 아무 것도 안 먹었잖아.
Ⓑ 배불러 죽겠어! 이미 많이 먹었어.
Ⓐ 그럼 우리 포장해서 가져 가자.

day 2

Ⓐ 난 그녀가 잘못한 것 없는 것 같은데?
Ⓑ 걔 감싸고 돌지 마!
Ⓐ 너가 먼저 그녀한테 전화 걸어 봐. 이건 모두 오해야.

day 3

Ⓐ 너 안색이 왜 이렇게 안 좋아?
Ⓑ 나 밤샜어. 어젯밤에 영화 세 편 봤거든.
Ⓐ 너 참 대단하다!

day 4

Ⓐ 나 핸드백 새로 샀다!
Ⓑ 우와! 이거 얼마야?
Ⓐ 1000위안 밖에 안 줬어.
Ⓑ 너 속았어!

day 5

Ⓐ 샤오리. 너 샤오장하고 사귀고 있는거 아니야?
Ⓑ 너 그 말 취소해!
Ⓐ 취소할께...... 왜 그렇게 진지해?

day 6

Ⓐ 아빠! 나 아빠한테 하고 싶은 말 한마디 있어요.
Ⓑ 우리 공주님. 무슨 말이 하고 싶은데요?
Ⓐ 난 아빠가 자랑스러워요!

day 7

Ⓐ 너 또 늦잠 잤네! 너가 오늘 화장실 청소해!
Ⓑ 엄마 안돼! 나 숙제가 많단 말이야.
Ⓐ 엄마한테 말대꾸하지 마렴!

day 8

Ⓐ 내가 오늘 한 턱 쏠께!
Ⓑ 뭐라고? 내가 잘 못 들은 거 아니야?
Ⓐ 나 오늘 월급 받았어!

day 9

Ⓐ 샤오리! 너 지금 시간있어?
Ⓑ 무슨 일이야?
Ⓐ 지루해 죽겠어. 우리 같이 쇼핑하러 가자.

day 10

Ⓐ 샤오리. 너 뭘 보고 있어?
Ⓑ 나 한국 드라마 보고 있어.
Ⓐ 재미있니?
Ⓑ 나 이거에 빠졌어. 너도 좀 봐봐.

day 11

Ⓐ 샤오치엔, 너 요즘 뭐해?
Ⓑ 나 요즘 집에만 있어.
Ⓐ 오늘 나하고 같이 영화보자.
Ⓑ 좋아!

day 12

Ⓐ 샤오장! 너 가방이 왜 이렇게 더러워?
Ⓑ 모르겠는데.
Ⓐ 그리고 너 숙제 안 했지?
Ⓑ 잔소리 그만해! 네가 우리 엄마도 아니잖아.

day 13

- ⓐ 샤오장. 나 너한테 할 비밀 이야기 있어.
- ⓑ 무슨 비밀 이야기가 있는데?
- ⓐ 우리 밖에서 이야기하자.
- ⓑ 알았어.

day 14

- ⓐ 우리 여기서 사진 한 장 찍을까?
- ⓑ 좋아! 잠시만 기다려봐.
- ⓑ 저기요. 사진 한 장 찍어 주실 수 있으세요?

day 15

- ⓐ 쟤네는 결혼해야 해.
- ⓑ 딸아! 저 둘은 안 어울려.
- ⓐ 아빠 우리 말다툼 그만해요.

day 16

- ⓐ 샤오리 너 무슨 일이야? 정말 지쳐보이는데.
- ⓑ 말하자면 길어.
- ⓐ 말해봐. 도대체 무슨 일이야?
- ⓑ 묻지 마. 우리 먼저 뭐 좀 먹자.

day 17

- ⓐ 샤오장, 나 우산 씌워줄 수 있어?
- ⓑ 응 그래! 너 어디가는데?
- ⓐ 난 저 앞에 슈퍼마켓 가. 너는?
- ⓑ 나도 거기 가.

day 18

- ⓐ 샤오장이 자고있네! 내가 깨워야지!
- ⓑ 상관하지 마. 자게 내버려 둬.
- ⓐ 왜? 난 기어코 깨울거야.

day 19

- ⓐ 무엇이 필요하세요?
- ⓑ 아메리카노 두 잔 주세요. 저 적립카드 있어요!
- ⓐ 다 채우셨군요!

day 20

- ⓐ 샤오왕! 잔돈 있니? 나 목 말라 죽겠어.
- ⓑ 나 5원 있어. 충분해?
- ⓐ 충분해! 고마워!

day 21

- ⓐ 샤오리. 너 방금 그 발음 조금 이상한데?
- ⓑ 나 자극하지마. 나 이미 한 시간 연습했거든!
- ⓐ 미안.

day 22

- ⓐ 여보세요. 위상로우쓰 두 그릇하고 콜라 한병 주세요.
- ⓑ 잠깐! 나 맥주 마시고 싶어.
- ⓐ 끼어들지 마!

day 23

- ⓐ 너 지금 시간 있니?
- ⓑ 응 있어. 무슨 일 있니?
- ⓐ 너한테 할 말 있어. 나 너한테 관심 있어.

day 24

- ⓐ 샤오리! 너 오늘 정말 예쁘다.
- ⓑ 정말 닭살이야!
- ⓐ 너 나한테 10위안만 빌려줄 수 있어?
- ⓑ 그럼 그렇지……

day 25
ⓐ 너 핸드폰 정말 멋진데! 새로 산거야?
ⓑ 응. 인터넷으로 산거야.
ⓐ 정말 부럽다!

day 26
ⓐ 나 오늘 전화 한 통 받았어.
ⓑ 무슨 전화?
ⓐ 어떤 사람이 나한테 돈을 주래.
ⓑ 너 보이스피싱 전화 받았구나!

day 27
ⓐ 저 핸드폰 충전하고 싶은데요.
ⓑ 저에게 주세요. 제가 충전해 드릴께요.
ⓐ 고맙습니다!

day 28
ⓐ 엄마! 남동생이 내 일기장을 몰래 봤어!
ⓑ 엄마가 잘 혼내줄께! 그만 우렴!
ⓐ 참을 수 없어!

day 29
ⓐ 방금 요구르트 먹었는데 지금 배가 너무 아
파.
ⓑ 다 내 탓이야. 그거 내가 산 거야.
ⓐ 자책하지 마!

day 30
ⓐ 선생님이 제일 좋아하는 음식은 꽁바오지
딩이예요. 여러분은 이 음식 먹어봤나요?
ⓑ 선생님, 우리 언제 공부 시작하나요?
ⓐ 내가 또 옆길로 샜네!

day 31
ⓐ 너 어제 왜 나 바람맞혔어?
ⓑ 이럴수가. 잘못 기억했어. 미안해!
ⓐ 두고보자!

day 32
ⓐ 너 오늘 예쁘게 입었네! 데이트 약속 있어?
ⓑ 멋대로 말 하지마! 나 지금까지 계속 예쁘
게 입었거든?
ⓐ 그래?

day 33
ⓐ 샤오리 어제 정말 미안해.
ⓑ 뭐가 미안한데?
ⓐ 내가 너 전화를 받기 싫어서 그런것이 아니
야. 사실......
ⓑ 설명할 필요 없어!

day 34
ⓐ 샤오장. 너 아직도 나한테 화났어?
ⓑ 응. 나 너하고 이야기하고 싶지 않아.
ⓐ 우리는 소통이 필요해. 내 말 좀 들어봐.

day 35
ⓐ 안녕하세요! 무얼 찾으시나요?
ⓑ 그냥 좀 볼게요!
ⓐ 네. 천천히 보세요.

day 36
ⓐ 샤오장, 책상에 물건 아무렇게나 두지
마.
ⓑ 꼬투리 좀 잡지 마!
ⓐ 다 널 위한거야!

day 37
ⓐ 종업원!
ⓑ 뭐가 필요하세요?
ⓐ 냅킨 몇 장 주세요.
ⓑ 네. 조금만 기다리세요.

day 38
ⓐ 무료로 리필 가능한가요?

Ⓑ 죄송합니다. 안됩니다.
Ⓐ 그러면 어쩌죠?
Ⓑ 2원을 더 내시면 리필이 가능해요.

day 39

Ⓐ 뭐가 필요하세요? (뭐 드릴까요?)
Ⓑ 빅맥 하나 단품으로 주세요.
Ⓐ 또 다른 것 필요하시나요?
Ⓑ 그냥 이렇게 주세요.

day 40

Ⓐ 샤오장. 너 숙제 다 했니?
Ⓑ 조금 있다 할거예요.
Ⓐ 넌 항상 질질 끄는구나!

day 41

Ⓐ 쟤 리리 아니야?
Ⓑ 아니, 쟤 리화야.
Ⓐ 아! 나 쟤네들이 자꾸 헷갈려.
Ⓑ 쟤네들 정말 비슷하게 생겼어.

day 42

Ⓐ 너 왜 나 모른척해?
Ⓑ 너 무슨 말 하는거야?
Ⓐ 너 왜 내 문자 답장 안했어?
Ⓑ 나 핸드폰 잃어버렸어.

day 43

Ⓐ 샤오리, 너 샤오왕 좋아하지?
Ⓑ 너 어떻게 알았어?
Ⓐ 너 감히 걔 눈을 못 보더라.
Ⓑ 너 정말 예리하네!

day 44

Ⓐ 오늘 선생님이 나 칭찬하셨어!
Ⓑ 그래? 너 도대체 뭘 했는데?
Ⓐ 오늘은 지각 안 했거든.

day 45

Ⓐ 나 5개 국어 할 수 있다!
Ⓑ 허풍 떨지마! 다 인사말이지?
Ⓐ 들켰네!

day 46

Ⓐ 샤오치엔, 이 펜 어디서 났어?
Ⓑ 이건 선생님이 나한테 주신거야.
Ⓐ 선생님은 너만 편애해!

day 47

Ⓐ 김대리, 또 지각했구만!
Ⓑ 죄송해요. 차가 막혀서요.
Ⓐ 자넨 매일 지각만 하는구만! 자네 뭘 믿고
이러지?

day 48

Ⓐ 너 눈 좀 감아봐.
Ⓑ 무슨 수작하고 있는 거야?
Ⓐ 나 너한테 보여줄 물건 있어.

day 49

Ⓐ 너 왜그래? 왜 영화 안 봐?
Ⓑ 저 사람 핸드폰이 너무 밝아.
Ⓐ 좀 일찍 말하지 그랬어.
Ⓐ 저기요. 핸드폰 좀 꺼주세요.

day 50

Ⓐ 샤오리 내 우산은?
Ⓑ 솔직히 말해서 나 잃어버렸어.
Ⓐ 나 죽었다! 그거 내 여동생건데.

Memo